帮助孩子度过青春期

[英]希拉·戴恩 著

徐 洁 译

HOW TO SURVIVE YOUR TEENAGERS

北京大学出版社
PEKING UNIVERSITY PRESS

著作权合同登记号　图字:01-2005-0581

图书在版编目(CIP)数据

帮助孩子度过青春期/(英)希拉·戴恩著;徐洁译.—北京:北京大学出版社,2006.4
(家庭教育丛书)
ISBN 978-7-301-09204-0

Ⅰ.帮… Ⅱ.①戴…②徐… Ⅲ.青春期-健康教育 Ⅳ.G479

中国版本图书馆 CIP 数据核字(2005)第 053266 号

Copyright © Sheila Dainow 1991
This edition arranged with Blake Friedmann Literary,
Tv and Film Agency Ltd
through Andrew Numberg Associates International Limited

书　　　名:	帮助孩子度过青春期
著作责任者:	[英]希拉·戴恩 著　徐　洁 译
丛书策划:	周雁翎
丛书主持:	周　英
责任编辑:	周　英
插　　图:	韩　博
标准书号:	ISBN 978-7-301-09204-0/G·1523
出版发行:	北京大学出版社
地　　址:	北京市海淀区成府路 205 号　100871
网　　址:	http://www.pup.cn
电　　话:	邮购部 62752015　发行部 62750672　编辑部 62767346
	出版部 62754962
电子信箱:	zyl@pup.pku.edu.cn
印　刷　者:	北京宏伟双华印刷有限公司
经　销　者:	新华书店
	880 毫米×1230 毫米　A5　8.25 印张　140 千字
	2006 年 4 月第 1 版　2007 年 7 月第 2 次印刷
定　　价:	19.00 元

未经许可,不得以任何方式复制或抄袭本书之部分或全部内容。
版权所有,侵权必究
举报电话: (010)62752024　电子信箱: fd@pup.pku.edu.cn

译者序

没有人反对：父母对孩子的爱是人世间最伟大的爱。

但我清晰记得著名的家庭治疗专家李维榕说过：父母的爱有时也会成为孩子成长的牢狱，孩子也会把父母的爱当成拐杖走路，珍惜得不肯放下而无法真正长大。

随着我的咨询理论和实践慢慢多了起来，我发现这一似乎有些残酷的说法却可能是父母和孩子发生冲突背后隐藏的重要原因之一，尤其是那些青春期的孩子和他们的父母。许多父母都曾面临与处在青春期的孩子发生激烈冲突的困境，在我的家庭治疗个案中，我不止一次地听到过父母因为和处于青春期孩子的对立关系而痛苦诉说"感觉已经活不下去了"。

英国著名的心理治疗师希拉·戴恩的《帮助孩子度过青春期》是写给这些父母的一本好书，它告诉这些父母如何获得父母权威，如何真正爱孩子，给孩子成长的空间，让他们成为个性独立的人，并让自己与孩子共同成长，安心度过孩子的青春期。这本书字里行间渗透着作者对为人父母者感性的心灵同感和情感共鸣，同时也理性地提出为人父母的误区，教父母认识和关爱自己。当然，那些孩子还没有进入青春期的父母看这本书也会受益匪浅，可以防患于未然！

这是一本献给青春期孩子父母的书，能够将其翻译成中文，并呈献给中国的父母，实在是一件很有意义的事情。正是本书所表达的对青少年父母的关怀之情让我鼓起勇气投入心力来翻译，我感到万分荣幸。借由我个人成长的体验,对青少年、父母、家庭和个人成长零散的体会,对青少年心理咨询、家庭治疗浅显的认识和热爱来翻译本书。

这是一本关乎爱、成长、生命意义的书,作者试图用浅显易懂的语言,让中国的父母看到书中能够给他们为人父母力量的文字,拉近他们与青春期孩子之间的心灵距离。

漫长的翻译结束后,才欣喜地发现,本书实际也可以成为青少年心理咨询、家庭治疗专业工作者的阅读材料。书中介绍的一些有关为人父母的观点、方法都可成为专业工作者思想和行动的武器。

我本人也从书中学到了许多新的看待青少年成长、亲子关系的视角和一些可操作的解决问题的方法,这些都将转化为思想的火花用于今后的心理咨询实践。

本书翻译的完成得到了许多值得我尊敬的人有形或无形的支持。

首先要感谢的是我的硕士研究生导师,北京师范大学发展心理研究所的方晓义教授。他在家庭领域的专业研究,尤其是亲子冲突、亲子沟通、家庭功能的研究兴趣给我很好的专业熏陶。他对我在家庭治疗实践中的督导提出过许多让我警醒的宝贵建议,这些都是我理解家庭、理解青少年成长、理解为人父母真谛的法宝和动力,还有他始终如一的严谨治学态度时刻鞭策着我,翻译中我不敢有一点马虎。

译者序

要特别感谢我的博士生导师，北京师范大学发展心理研究所的张日昇教授。他对青少年成长、亲子关系中父母对孩子无条件接纳的深刻诠释，给我许多启示，让我体会到只有父母给孩子提供一个自由与受保护的空间才会获得真正的父母权威，这和本书作者关于父母权威的理念如出一辙。

同时还要真诚地感谢北京师范大学我的同窗好友曾细花、仲宁宁、董莉，北京航空航天大学的胡春华，北京第二外国语大学的甘宇红等，他们对本书的翻译提出过非常宝贵的建议。

还要感谢我的母亲，在翻译遇到困难时，她不止一次给我莫大的鼓励和支持。我在青春期的反叛得到了母亲极大的包容，多年后让我得以从感性体验上与作者的观点产生共鸣。如今那段岁月早已远去，心中留下的却是对母亲满满的感激、爱戴和愧疚之情！

更重要的是，我希望更多的父母读过本书后也能够深信不疑：尽管你的孩子在青春期与您发生了非常激烈的言语甚至身体的冲突，但当长大成人后，他们依然会不折不扣地爱您的！

徐 洁

2005年11月 北京

引言

你的孩子正处于青春期吗？你一直尽心尽力让孩子茁壮成长并拥有快乐而成功的人生吗？你觉得要做到这一点很难吗？如果是，本书就是专为你而写的。当然，你也明白人见人爱的小孩最终会长大成人，他（她）会变成一个独立的个体。孩子出生后，你给他（她）换尿布，担心他（她）吃不饱，到哪都带上他（她），还不免要担心自己是否做得对。或许你真的很盼望孩子能成为一个"真正"的人，你们之间有着融洽和谐的关系。

要明确的一点是：并不存在什么真正的问题。所发生的一切都非常自然。孩子正在从孩童时代走向成人，这是他们必经的转变。在此过程中会发生许多变化，有时候变化来得太多也太快，会让你难以应付，而且你们之间也很难不发生冲突，不产生令人困惑的问题。

早先，因为你认为最好的东西与孩子所需要的东西之间有差异而烦恼，但可能你还很容易就对付了过去。然而此时的孩子已经具备了争辩、反抗的能力和身体条件。这时候，你会发现所有的问题已经变得非常复杂。好像一面对不与自己合作、对自己不友好的孩子，所有与人相处的技能都无济于事。

本书的目的是要教会父母建立权威感。"父母权威"是指父母在大部分时间里与孩子建立和谐关系的能力，要能够接受和孩子之间的差异，而且能够尽可能寻找到让双方都满意的问题解决办法。

一起来了解一下哪些行为表现不属于"父母权威"吧。控制孩子,让孩子按照你的期望发展就不是,本书不提倡那样做。让一个人变成你期望的样子是不可能的事情,假如你已经因为孩子的行为或生活方式问题而与他发生了激烈的冲突,你就可能已经洞察到了这一点。

本书的助益所在

本书的每一个章节都集中写教养青少年一个方面的内容。第一章至第三章中设定了一些情景,并向读者解释青少年与父母相处比较困难的一些具体原因。阅读这些内容,同时配合书中的练习,能帮助你认识到所存在的问题,帮助你非常清楚地了解问题,同时还为你创造了一个机会,让你去思索、感受为人父母的艰辛。教养孩子有许多不同的方法。如果一些方法做起来不太奏效时,你要做出一些改变。

接下来的第四章至第六章较多地涉及日常问题,同时也为处理和解决一些最难的问题提出了建议,并向父母呈献了一些教养孩子的新思维方式。虽然,一般情况下许多问题的解决办法都并非那么简单,但是一些非常实际,甚至有时只是一些方法上的改变,就能让你更好地掌握事态的发展。

第七章至第九章涉及了一些更严重的问题。正如在前

引言

几章中说到的一样，这些问题常常没有解决的办法。事实的确如此，许多问题根本没有办法解决。但是本书提供了一些行动方案，同时也对此展开了讨论与分析。

当孩子长大成人离开家后，你该如何好好生活？本书最后为你提供了一些有益的建议。

关于书中的练习

当你阅读本书时，你可以看到：如果你愿意的话，你可以做一些练习。这些练习可以为你提供一些看待问题的视角，或是让你实践一种特殊的技能，以此增强运用父母权威的能力。有些练习激发你去探索自己行为背后的原因，有时需要你回顾自己过去的行为，那些积极的和消极的记忆会如潮水般地涌上心头，你会再次体验当时的喜悦或痛苦。不要沉浸于此，否则，你的情绪和态度就会阻断你和孩子之间的坦诚交流，哪怕你并未意识到这一点。你的自我认识得到了提高，这将帮助你明白你的行为反应是怎样帮助你或阻碍你为人父母的。

你可以逐页阅读本书，也可以选读一些目前对你比较重要的内容。

最后，说说我自己吧。我并不是一个完美的母亲——我的孩子可以作证！对于该怎么处理我的两个女儿所面临的那些事情，我并不总是像我在这本书中所显示的那样自信。但是，在我的这段人生历程中，我认识了许多父母和青少年朋友，作为一个心理咨询师，我了解我在书中介绍的方法在实践中能够起作用，父母和孩子都会因为彼此变得相互欣赏而更加满足。这些方法与家长正在用的有所不同。如果你愿意做出一些改变，我敢保证你会发现它们对你同样很有用。

CONTENTS 目录

译者序

引言

第一章　亲子关系出问题了　◎　001

第二章　寻找问题的真正原因　◎　019

第三章　反思：我是什么类型的父母？　◎　038

第四章　与孩子共同生活的相处之道　◎　063

第五章　关心自己　◎　095

第六章　与孩子直接沟通　◎　120

第七章　让孩子努力学习还是误入歧途？　◎　143

第八章　青春期出现的严重问题　◎　180

第九章　放松对孩子的控制　◎　232

第一章 亲子关系出问题了

拿出纸和笔,写下困扰你的所有与孩子有关的事情。不管是大事还是小事,要将所有你能够想到的事情都写下来。

下面是其他父母在这个练习中写下来的事情:

在外面呆到很晚或者整夜不归家;从不想出门或从不愿意呆在家里;偷窃;偷商店的东西;撒谎;抽烟;逃学;骂人;不吃东西;吃得过多;拒绝说话;将音乐声放得很大;滋扰邻居;做事有始无终;穿怪异的服装,梳奇特的发型;不洗澡;在浴室里面待很久不出来;性问题;不工作;看电视过多;威胁要自杀;冒险,比如骑摩托车不带头盔;跟不好的人混在一起……

诸如此类的问题还有很多,列也列不完。

这些都是令父母烦恼的事情。你已经花了许多时间试图做到最好,你关心孩子,却突然发觉这全部是浪费时间。几乎在一夜之间,孩子成了陌生人。正如一位家长说的那样:"突然之间,我发现自己跟一个不认识的不速之客待在同一个房子里。就像是一个投宿者认为整个房子属于他,我甚至得不到一点租金!"

请把由你刚才列出的那些问题而产生的想法和感觉写下来。

你的想法可能是:"我哪里做错了"、"都是我的错"、"我不是一个好父母"、"我害怕我的孩子再也不会变好了"、"我怎么会那么失败呢?而其他的父母和他们的孩子却那么幸福地在一起"、"我输不起"、"我不能让孩子占上风"。生气、恼怒、挫折感、无助感甚至憎恨等情绪,伴随着伤心和绝望涌上你的心头,真是百感交集!

把你努力为解决这些问题所做的一切写下来。

下面是你可能尝试过的一些方法:

奖励和贿赂("假如……你就可以获得更多的零花钱"、"假如你合作的话,我们就出去吃晚饭");

第一章 亲子关系出问题了

控制（"我开车送你到求职中心，等你登记完再走"）；

剥夺（"下周你不能出去了"）；

命令（"坐下，接下来的一个小时好好做功课"、"你必须停止吸烟！这对你的健康不好"）。

有时候你甚至气得要对孩子使用暴力，你可能担心过是否需要请求专业人士的帮助，或者你可能会觉得绝望而想要放弃，什么都不管了。

在你做这些练习的时候，可能会冒一些险。因为当问题清晰地展现出来的时候，你可能会变得更加绝望和焦虑。但是，不要放弃！

对父母所遇到的问题，并没有一个一致的或正确的答案。我们和我们的孩子都是独立的个体，所以提供一个完全正确的答案是没有用也是完全不切实际的。但是，试图加深你对自己和孩子之间问题的理解，由此提高你的"父母权威"，可以将你和孩子的问题引向对彼此都更好的境地。

有必要审视某些存在于头脑中的父母之道，因为它们可能会十分具有局限性。我们常常不加思考地将这些父母之道奉为真理，但是如果仔细审视则未必如此了。

审视为人父母之道

父母之道 1：父母应该将孩子塑造成快乐的、有用的、过着满意生活的人？

不对！这不是为人父母的责任。你不能将你的孩子塑造成模范。你的责任是为孩子创造一个他们可以发展自身个性和潜力的环境。实际上，你的确有必要尽力保证孩子的健康和安全，你也有必要为他们提供学习和发展思想的机会，孩子需要这样一个环境来成长。但是，你不必保证孩子拥有"正确的"思想或者学到"正确的"事情。孩子拥有自己的思想，他们可以自己来做选择。

从根本上说，为人父母的责任就是在孩子能够独立以前帮助孩子生存。当他们长到十多岁时，你的责任就会产生变化。这时，你要做的是帮助他独立，使他们能够为自己负责。获得责任感是孩子的事情。尽管他们可能没有坐下来仔细思考过这样的责任，但是他们会本能地感觉到。父母和孩子之间的诸多冲突都跟控制有关：父母很难放弃他们对孩子的支配权,尤其是当他们看到孩子犯错误时;但另一方面,如果孩子没有机会犯错误的话,他们就不会学习和成长。

回忆一下自己的生活,可以帮助你理解这个观点。想想你犯错误时的情景,想想你从犯错中学到了什么。如果你不犯某个错误,你是否会认为你就得不到一些有益的教训?在你犯错的时候,其他人是否会给你一些建议?你会听取这些建议吗?你听取的理由是什么?不听取又是什么原因?你会因为听取父母的意见而感到遗憾吗?

父母之道2:父母必须爱自己的孩子?

这个说法的问题在于,父母必须爱自己的孩子,这样说就意味着父母与孩子之间的爱是可以选择的。我的看法是,所有的父母都爱孩子,正如所有的孩子都爱父母一样。在这里,我认为爱意味着互相的联结和卷入,从而使各自成为对方世界的一部分。这不是父母或孩子可以选择的——它是一种真实存在。但爱一个人并不意味着一定要喜欢他。

事实上,有些时候你肯定会觉得不喜欢你的孩子,但那又怎么样呢?作为父母,并不要求你任何时候都喜欢你的孩

子。孩子也是人——像所有人一样，他们也有讨人喜欢和让人觉得厌烦的方面。不要认为你会因为不喜欢他们就不再爱他们了。如果你懂得这一点，你也将明白，如果孩子表面上不喜欢你，也不意味着他（她）不再爱你了。

父母之道 3：父母应该一直控制孩子？

因为"控制（control）"和"权威（power）"经常被当做同义词来使用，所以这里有必要对这两个词的意义进行区分。凯赛尔新英文词典（Cassell's New English Dictionary）将"权威"定义为：有效地执行或行动的能力或才能；智力或身体上的天赋或潜能；力量、强力和能量……"控制"则定义为：抑制、克制；限制、指挥和调整的能力；权力、命令……本书是有关权威的，即作为父母的权威。权威是有效做出改变的能力。很显然，控制能力也具有权威的表现，因为假如你对自身世界没有控制感的话，就难以有效改变。但是，父母的控制并不意味着你应该将孩子塑造成特定模式的人。实际上，你可能已经注意到孩子也是十分具有控制欲的，他们拥有自己的思想，也想像你那样掌控他们的世界。控制可以使我们感到安全，但孩子要具有控制的能力还存在一定的困难：他们身体弱小，没有钱、技能或知识，缺乏力量，人际交往也不如父母那样广。因此，他们就利用自身有限的资源，比如他们对你的弱点的了解，来保持控制。你可能不喜欢他们的做法，但他们其实是在像我们那样努力活下去。其实，你所要控制的不是他们，而是你自己。通过观察父母对世界的控制，孩子将学会如何控制他们的世界，这是他们健康而快乐地生活所必须习得的能力。

父母之道 4：教育孩子的最好方式就是不让他们养成坏习惯？

大多数父母对孩子的期望都大同小异，都希望孩子长大后能够拥有幸福和有意义的生活。不同的只在于达到这个目标的最好方式有所差异。一种看法是认为：确保孩子习得良好行为的最佳方式是在他们犯错误的时候给予惩罚。惩罚的方式有很多种，比如皱眉、撤销赞扬（如不再对孩子说"好呀"）、大喊、拒绝说话、打耳光等等。但你也可能有自己的方式。你可能已经注意到这些方法通常都不十分奏效。它们可能短期有效，你不得不经常重复用。

回忆一下过去的一个月，为了让孩子行为举止好一

些,你都采取了什么行动?这些做法有多少起作用了?你是否不得不一直使用它们?

当人们感到被理解、被接纳、被满足和被关爱的时候,其行为的动机就会被激发。所以,何不采用父母的权威去理解、接纳、满足和教养你的孩子?那将比使用权威来支配和塑造孩子成为理想的教育典范更有效。

父母之道5:人们自然而然就知道如何成为好父母?

不,实际上并非如此!这在过去也许是这样的,那个时候社会要简单得多,孩子几乎总是与父母保持一致,也接纳父母的价值观和生活方式。因此,教导孩子,让他们知道自己需要了解的东西是比较容易的,因为父母可以相对确定地预测孩子未来的生活。然而,现在的情况已经不是这样了。

回忆一下你的父母和爷爷奶奶的价值观和生活方式。你将会发现其间的变化,而代际间的价值观和生活方式的变化仍然在继续。

每一个人在适应未来社会

第一章 亲子关系出问题了

的时候都会遇到困难，更别说教给我们的孩子他们未来所需要的知识。有些时候，即使我们对人类行事的动机有更多的了解，我们也不能将其用在我们给予孩子的教育中，这点让我们感到有些惭愧。因此，并没有一种系统的教育可以告诉人们什么是好的教养方式。

想象一个人走到你面前说："我感到很绝望和内疚。我想成为一个钢琴家，我也拥有了一架钢琴。但当我坐在钢琴前面的时候，我却不知道怎么弹奏。"你怎么回答呢？你可能会说："为什么有这么不好的感觉呢？如果你还没有学习怎样弹奏，你怎么可以期望自己成为钢琴家呢？如果你学会了识乐谱，并能经常练习，你就会弹奏了。"同样，你也不用感到绝望或内疚，因为你不能自动就知道应该怎样处理孩子的困境，你的处境其实跟那个成长中的音乐家一样，你有孩子自然就会期望（而不是被期望）成为一个好父母。本书将会帮助你学习某些技能，你可以利用它们来达到你的期望。

了解真相

下面，我们试着用一些重要的事实来更正前面提到的错误的为人父母之道。

真相1：最终大多数孩子都能好好生活

我的意思是说大多数孩子都会长大成人，他们将能够养活自己，在社会上找到自己的位置，结交朋友以及和父母维持良好的关系。

想想你所认识的所有成人，他们大都过着完满、高效的生活，能够维持良好的人际关系，可以养活自己和他们的家庭。假如他们能够做到其中一点，那也相当不错了，而他们也都曾经是孩子！

真相2：你并不孤单

我管理过很多的团体，接触过很多父母，知道大家现在所经历的，也曾经是或正是其他许多人所经历的，这其中也包括我！很少有人会承认做父母是一件很困难的工作。如果你已经对此颇有体会，而且你的孩子成长得相当好，那你应该好好表扬一下自己！

真相3：你并不是无能

权威是做出有效改变的能力，你并没有失去这种能力。你可能会感到无能，那是因为你在试图改变你不能改变的人。只有当一个人自己想要改变的时候，他才会真正改变。所以，按照孩子不愿意的方式来改变他们，就会让你有强烈的无力感。用你的能量去改变你可以改变的人吧，那个人就是你自己！你可以改变自己对所处情境的感受和应对方式。你也可以控制可以掌控的领域和环境。要做到这些，本书将为你提供一些帮助。

列出那些你想要改变的和孩子交往的事情，仔细看看是否存在一些你不能改变却试图要改变的事情。

真相4：你拥有权利

孩子认为他们拥有的权利，你也拥有。你同样拥有隐私、思考、自由和理解、尊重或者其他方面的权利。

真相5：你不必一直做那些没有用的事情

你不必继续去做那些一直都在做的事情。假如你仍然在用不再起作用的方式解决问题，那就赶紧停止，改做别

的事情吧。再做那些无用的事情是没有意义的。经常做的事情不一定是有用的。

真相6：你是人

你当然是人！但你是否想让自己成为一个超人呢？

在你比较熟识的人当中，找出那些从没有犯过错误，或者从没有做过任何你认为很愚蠢的事情，或者从没有改变过主意的人。

你不会列出多少人的！实际上，我曾建议很多人做这个练习，直到现在没有人能够列出一个名字！所以，不要期望身为父母的你就可以做一些不可能的事情——父母也是人！

获得父母权威的7种方法

获得父母权威要比你想象的容易。下面的7种方法将会帮助你按自己的方式来达到这个目的。

方法1：享受自己

假如你阅读本书的原因是你的孩子出了问题，那你看到这里的时候可能会把书放下不再看了，因为书中的话似乎不通情理地建议你要享受这个过程。但是，先别急着放下书……

父母这个职业所持续的时间要远超你的想象。一旦开始了就不会真正停止：无论你的孩子多大，也无论你们之间的关系如何，他（她）都永远是你的孩子。像大多数父母一样，你认识到孩子只有一次生命，你希望它是完满的和幸福的。因此你投入大量的情感、爱和精力，以及金钱、时间等。另一方面，你也只有一次生命，为什么不应该让它尽可能地完满和充满意义呢？本书的目的之一，就是通过改变你对待孩子的方式，让你能更多地享受生命中的这个阶段。父母是一个很严肃的、要求很高的职业，但它并不意味着你不可以从中获得乐趣。

方法2：欣赏自己

我们看待自己的方式会对我们如何与人交往产生很重要的影响。作为父母，你可能会犯一些错误，那并不意味着完全失败。你可能太过关注孩子的权利（许多孩子都非常擅长利用他们的权利来提要求），而忘记了你自己也有权利。你应该习惯于提醒自己，你本人也是一个重要人物，不比别人多一分也不比别人少一分重要性的重要人物。

方法3：发现和了解事实

如果你没有足够的知识背景，在生活中就难以感受到自己的力量。例如，理解人类发展的一种方式，就是将人生看做是一个个阶段，在每个阶段都会发生特定的生理和心理上的变化。可以将这些变化看做是"生命任务"，这是个有用的概念，它可以使我们理解那些看似杂乱无序的过程。下面简要描述一下这些任务：

生命阶段（年龄）	需要完成的主要生命任务
出生~2岁	婴儿期是发展基本运动技能的时候；孩子开始理解即使人或物体不在自己的眼前，它们仍然存在；婴儿期也是产生对一个或多个人依恋的时期。
2~4岁	在童年早期要完成的任务包括：语言交流、高级技能运动、探索世界、通过游戏学习和开始自我控制。
5~7岁	童年期的主要阶段：要求发展性别意识、是非感等，还要学会合作游戏。
8~12岁	童年晚期的任务包括：发展足够的合作技能以维持成为团体成员的资格，培养自我意识，发展学业、艺术和体育等一系列技能。
13~17岁	青春早期伴随的任务包括：接纳性成熟的发展，应对身体和心理的变化，学会使用抽象概念，开始和维持与同性和异性的友谊，学会做决定。

续表

生命阶段（年龄）	需要完成的主要生命任务
18~22 岁	青春晚期的任务包括：不再依赖父母，维持经济独立，做出自己谋生的决定，做出行为约束，发展亲密关系，形成一套自由选择的价值观。
23~30 岁	成年早期的任务包括：参与当地社区的活动，了解职业生涯规划，做出承担家庭义务的决定或可能开始为人父母，选择一种生活方式。
30~35 岁	成年晚期的任务包括：审视和巩固生活方式，如果有家庭的话需维持家庭责任和教养孩子。
36~50 岁	中年早期的任务包括：处理与日益依赖自己的父母的关系，应对孩子长大成人离开家，审视和发展与伴侣的关系。
51~65 岁	中年晚期的任务包括：准备退休，对过去和未来的生活方式做出总体审视，承认死亡的前景。
65 岁~死亡	即使在生命的最后阶段，也还是有一些任务要完成，如评价自己的一生，面对亲密朋友或亲人的死亡，接纳自己的死亡，面对自己日益增长的对他人的依赖。

以这种方式来看，生命的每个阶段都在为下一阶段做准备。本书主要关注的是处于青春期，即为成年做准备的青少年。与此同时，他们的父母可能处于中年期。人们在每个人生阶段都会遭遇一些困难和人际冲突，而时而出现一些麻烦更是不足为奇。

本书的开篇主要介绍人的个性是怎样形成的。这些知识将有助于你理解你和孩子做出一些反应的原因。这种理解会使你在决定如何应对一些情境时更有力量。而且，知道事情的原委将有助于你以建设性的方式来做出反应。花一些时间尽可能找出更多的选择是很重要的。父母和孩子之间的争吵，常常只在两种办法中选择一种（即"不是你这样，就是我那样"），实际上，除此以外还有更多的选择。假如你只有一种或两种选择的话，就难以解决复杂的问题了。

方法4：保持对话、沟通

假如你不能或不愿意沟通的话，那要获得理解是不可能的。沟通意味着相互之间在思想和情感上的理解。要想建立本书所倡导的亲子关系，有必要使孩子眼中的你看起来像个"真正的人"。要做到这点，重要的是你必须乐意跟你的孩子沟通，告诉他（她）你的所思所想、你的感觉等。沟通是一个双向的过程，你必须而且能够鼓励你的孩子以相同的方式跟你沟通。你还要记住，沟通不仅仅可以通过语言来达到，也可以通过其他方式来进行，比如音乐、艺术、眼神、拥抱、微笑、皱眉，甚至是沉默。

方法 5：倾听

很显然，光说是不够的，你还必须要倾听，这样你才可以理解沟通的内容。有时候倾听并不像看起来那么容易，因为说出来的话可能传达的不是最重要的信息。因此，培养听出弦外之音的技能将对你大有裨益。

方法 6：无条件接纳

这并不意味着喜欢或赞同孩子所做的每一件事情，而是你真心真意相信他（她）是一个好孩子。学会对事而不是对人，这样才可以为孩子创造一种无条件关爱的氛围（"我爱你和关心你"），而不是有条件的爱（"只要你这样做或那样做，我就会爱你"）。对孩子提供有条件接纳的问题在于：即使孩子听到你说"假如你是个好女孩，你这样那样做的话，那我们就会爱你"，他们也会发现其中的言外之意——"你这样是不可爱的"。这样，他们可能就会渐渐地觉得自己真正是不可爱的，结果他们就会感到自己是愚蠢的、不够格的和自卑的，并且在行动上也表现得如此。心理学家卡尔·罗杰斯（Carl Rogers）认为，无条件的积极接纳是教师和学生、咨询者和来访者、父母和孩子之间关系中起作用的关键成分。作为父母，你可能会因为孩子还不能约束自己而为孩子设置界限和制定规则，但这并不意味着你的孩子本质上是个坏孩子，只是说明他（她）还有很多东西要学。

方法7：不要试图改变不能改变的东西

本书多次提到改变，例如，你可以改变做事方法以便更好地管理冲突，你可以改变期望使它更现实。但是，有些事情是你不能改变的，如果你总是想去改变，那你将逐渐耗尽你作为父母的力量。例如，你无法改变你的孩子。你不能把男孩变为女孩，你不能把又高又瘦的身材变为细小匀称的身材。你不能改变过去的事情，即使那些你感到遗憾的事情也已经不可以改变了。虽然过去不可改变，但你可以从中学到有益的东西。

第二章 寻找问题的真正原因

想象一下你突然被人抓起来,离开现在的生活,完全被带入另外一个世界的情景。你环顾四周,恍然意识到要依靠自己的力量活下来是多么困难,因为你根本不懂人们正在说的语言。不仅如此,更糟糕的是,你不知道周围的每一个人正在做什么。人们看起来非常忙碌而且非常投入,但这一切对你来说毫无意义。然而,你非常明白无论如何都要活下去。你一无所知,周围的每一个人所了解的事物远远多于你,因此你知道要活下去很难。

你自己有什么样的感受呢?你正在想什么?你可能头脑一片空白,但你的确身处此情此景。这就是你出生时世界本来的模样。

在这一章,我们将追溯那些已逝去的时光,因为那段岁月对理解你和你十几岁的孩子很重要。

当我们出生时,并没有人给我们提供一本可以参考

的书，告诉我们如何行事，以确保周围的人会追随于我们的左右。我们无法知晓世界的真实面目。想想，假如有一本书可以告诉你"如果在你需要什么东西的时候大人没有给你，不要担心。他们可能并不真正了解你，但他们正努力做到最好。你饿了，他们没有马上来喂你并不意味着你已经被抛弃了，只需放松一些，他们很快会来"的内容。果真如此的话，你的幼儿时代将会过得轻松许多。当然我们并不知道是否真的如此，我们所知道的就是我们正处在令人困惑并感到危险的境地中，无论如何，我们必须活下去。

描绘一幅心灵地图

直觉告诉我们：我们必须尽可能过上可以预知的生活，这样我们才能确定下一步该做什么。因此从一开始我们就试图让世界变得有意义。我们开始描绘一幅心灵地图来成功应对未知与恐惧。"我是谁？""我在这里做什么？""所有的其他人都是谁？""他们在这里做什么？"我们没有经验或知识来回答这些问题，这是我们面临的大问题。我们拥有的所有信息来自父母或照料我们的人。我们利用这些信息来决定应该成为什么样的人以及应该做什么。

我们发现有时我们会因为所做的事情获得奖励，如微

寻找问题的真正原因 第二章

笑、拥抱以及让我们感觉良好的关注。我们也注意到有时我们得到的是紧皱的眉头、责难、喊叫以及忽视。我们留意周围人如何行事并决定效仿他们。我们从这些早期经验中得出结论并开始做出一些决定,如,"我必须保持安静并做别人要求的每一件事情"、"我必须为我所想要的而奋斗"、"我获得关注的唯一方式是制造噪音"、"我是一个重要而可爱的人"、"我不值得关注"。

回答下面的问题可以让你了解在你对待孩子的方式上受到父母多大程度的影响。

● 你的父母是怎样做父母的?他们是充满爱的、残忍的、情感丰富的、非情绪化的、严厉的、宽容的、公正的吗?

● 他们的面部表情是什么样的?他们微笑、皱眉还是逃避目光交流?

● 当他们生气的时候,他们如何对待你?他们是喊、责骂、惩罚你吗?如果是那样的,会发生什么事情?

- 他们与你和你的兄弟姐妹们有共同爱好吗？
- 他们曾经对你说过的最糟糕的事情是什么？
- 他们曾经对你说过的最棒的事情是什么？他们是如何表达愤怒、恐惧、爱和悲伤的？
- 他们试图通过收买和虚伪的赞扬操纵你吗？如果是，他们的做法会让你感到有罪恶感、恐惧吗？
- 他们的座右铭或家庭箴言是什么（如"手闲心也闲"）？你认为这些有用或有什么限制吗？
- 你向你父母撒谎吗？
- 你感觉他们在和你斗争，或他们之间相互斗争吗？
- 一般情况下，你感觉他们站在你一边吗？
- 有你特别不喜欢的和他们有关的事情吗？为什么不喜欢呢？
- 有你特别喜欢的和他们有关的事情吗？为什么喜欢呢？

以上所有问题的答案会告诉你：你的父母是什么样的人。现在利用这些信息来慢慢想想你和他们怎么相像以及怎么不相像吧。

回想一下你的答案并问问自己："有一些方面是我从父母那里学来的吗？有一些习惯、

寻找问题的真正原因 第二章

姿势、说话的语气与父母的很像吗?"你也可以自问:"有一些我有意不想学父母的事情吗?"

这个练习可以作为一个例证,用来说明我们怎样看待早期的一些经验和观念,实际上它们已经成为我们生活地图的一部分,而且对我们人格的形成和发展有重大的影响。

生活脚本(LIFE SCRIPT)

心理学家艾利克·伯恩(Eric Berne)认为,每一个人都会创作出一个来源于早期形成的观念的生活脚本。这种心理脚本与戏剧脚本非常相似,和所有的故事一样,拥有人物、对话、幕与场景、主题和情节。

练习……

请做一下这个练习。拿出一枝铅笔和一张纸,快速地做,做的时候只凭直觉写出答案就可以了。

如果你的生活是一个故事,它的主题是什么?

它会是什么类型的故事?快乐的还是悲伤的?有趣的还是无趣的?是悲剧还是喜剧?

主人公是谁?故事中有反派角色、男女主角、丑角吗?你扮演的是哪个角色?

这个故事的结局是什么样的?

这个问题的答案使你明白你的生活脚本是什么。我们通常没有意识到生活脚本的作用，这是因为在很久以前我们已经做出了一些判断和决定，它们已经被我们看做是我们人格的一部分了。但是它的重要作用是持续存在的，因为当处于压力情境时，我们会倾向于按过去的生活脚本而非现在的脚本行事。

这里有个生活脚本使事情变糟的例子：

约翰从学校回到家，妈妈问他："你今天过得好吗？"约翰咕哝着坐在椅子上，开始看连环画。妈妈接着问："你做完家庭作业了吗？"约翰说："我马上就做。"这时候妈妈的脚本出现了："先做作业，后玩。"这就是她的生活脚本主题之一，她的父母过去就是这样督劝她的。例如，父母从不允许她在作业完成前出去玩，她也发现如果床没有收拾好，家务没有做完，那妈妈是不会出门的。尽管约翰的妈妈知道这样做不一定好，但是当有压力的时候，她还是会像她父母当年那样做。

在这种情况下，她的压力由约翰不愿意与她沟通而

第二章 寻找问题的真正原因

引发。她当然可以读一些有关与十几岁孩子沟通的书，但是孩子不愿意和你沟通怎么办呢？因此这位母亲想要成为"完美的父母"（另一个脚本）的想法从一开始就错了。她陷入她内心想扮演的角色中，并试图以督劝约翰做作业的方式来解决问题。约翰对开始做作业越不情愿，她就越要控制他做。接下来的结果你已经可以猜到了吧！

如果那时约翰的母亲不陷入自己的脚本中，她就可以做得完全不同。例如，她可以不把约翰拒绝和她沟通看成是故意的忽视，而是想到儿子可能累了或是对于今天发生的事情感到烦恼，因此愿意仔细地想想。她本可以想到约翰做不做作业都是他自己的事情而不是她的！约翰做作业或不做作业所产生的后果应该是约翰要解决的问题而不是她要解决的问题。

现在来想想和你的十几岁孩子有关的脚本。有机会的话你可以和你的孩子一起来做这些练习，你甚至可以把它当成一个家庭游戏来做。如果做不到的话，那么尽量从你孩子的角度来做这些练习。你要想：他（她）会给出什么样的答案？有哪些方面是和你的脚本相冲突的？

例如：

你头脑里有一个强烈的概念就是"只有最好才是足够好"，这就意味着你很难接纳你孩子身上不够完美的地方。

在你的孩子很小的时候他就会意识到要做到完美是不可能的,因此,既然永远不可能做到"最好",那么你的孩子也就认为不值得那么努力地做了。你们一定会有一些冲突。你会认为你的孩子很懒惰或很傻,而孩子则会认为你不通情达理。

用下面的这个小测验来帮你确定你的脚本是哪种类型的,看看它有利于你的生活还是会妨碍你的生活。

在下列的题目中,在最符合你情况的选项上打钩。

1. a 我总是努力做得比以前好。
   b 我感到满意,我所做的是最好的,我马上就会实现目标。
   c 我常不考虑目前正在做的事情,而只在意那些不得不做的事情。
2. a 只有做成了我想做的事情,我才会对自己感到满意。
   b 对我来说享受做事情的过程比结果更重要。
   c 我永远也不会做好。我可能总是如此。

3. 如果你画了一幅画，你会

　　a 一定要确定它能好保存，如果不好保存的话就会扔掉。

　　b 把它放在某个你能看到的地方并欣赏它。

　　c 或许根本不会画，因为这是一件你从来不会想要做的事情。

4. a 我认为朋友应该做正确的事情，如果他们做得不对，那我就不会和他们待在一起。

　　b 我承认朋友有时会让我失望，但我不会因此而让我们的友谊受到影响。

　　c 和我关系亲密的朋友不多。

　　选择 a 项表明你可能为自己设定了很高的目标，这是"只有最好才是足够好"式的脚本。尽管表面上这似乎是胜利者的脚本，但这样常会让你最终感到自己是个失败者。问题就在于你设定的目标很高或不够现实，因此你会常常失望。

　　相反，选择 c 项则表明你的脚本使你相信自己是个没有价值甚至无足轻重的人。

　　选择 b 项意味着或许你拥有能让你放松的脚本，或许你能意识到并不用做出"脚本式"的行为。这就意味着尽管你和其他人一样，有时也会犯错误，但你更可能设定可达到的现实的目标，并接纳自己是一个有价值的人。

　　a 类脚本会让你成为有问题的父母。举例来说，你可能会给自己设定要成为"一个完美的父母"的目标，这就意味着你的孩子也必须是"完美的"：你怎么能实现你的目标呢？既然没有可能，那么"完美"的你将会对一些事情非常失望。你会一直不断地要求自己和孩子达到那些不可实现的高标准。如果有冲突产生，你可能会把他们看成你必须赢得的战争而不仅仅是你需要解决的问题。

  c类脚本会产生不同的问题：如果你不认为自己生来就是个有价值的人，那么你就很难相信其他人也是有价值的。如果你和你的孩子之间有冲突，那你会发现你们之间很难有清晰的界限和权利归属，因此你会避免和他们在一起或是屈服让步。你也可能会感到无力和不满。

  b类脚本最令人满意。这类脚本会告诉你无论你做什么，你自身都是一个有价值的人。如果你明白这一点，你就不必依赖其他任何人——包括你的孩子——来证明你是可以被接纳的。你可以让他人成为他们自己，并且当问题出现的时候，你会寻求最合适的解决方法。大部分解决问题的关键在于理解和沟通，而不是说服或斗争。

  想想你自己的脚本类型，有哪些方面是你想要从a类或c类变为b类的？如果你想在这些方面做出改变的话，请把你要做的写下来。

  再来问一些有关你十几岁孩子的问题，试着把你自己放在他（她）的立场上。了解自己的脚本并明确它和你孩

寻找问题的真正原因 第二章

子有什么样的关系,这将帮你掌控你们之间的事情。

问题始于"源头"

作为父母,我们对孩子如何发展以及他们会成为什么样的人都具有很大的影响力,就像我们的父母对我们有重大的影响一样。

你作为父母的自信是你孩子获得安全感的最重要的源泉。这种信心将会受到你自己儿时经历的影响。

现在的问题总能找到过去的根源,但是这并不总是一眼就能看明白的。你的孩子并不是突然间就长到十几岁的,现在的状况是所有过去经历的结果。正是从婴儿起,你的孩子就一直努力去寻找自己生活世界的意义,并且多年来他(她)已经根据自己对世界的体验做出决定要成为什么类型的人了。

想想诸如当新生婴儿最初注视母亲眼睛时的情景。唐纳德·威尼克(Donald Winnicott)是儿科医生,同时也是儿童发展方面的心理分析师,他描述婴儿观察母亲脸的时候,实际上也在看镜相的自己。如果母亲以爱给他反馈,也愿意接纳他,那么这个孩子就知道他（她）是被接纳的而且是重要的。但是，假如这个孩子从他（她）母亲的身上看到的是焦虑和担心，那么孩子反过来也会感到担心，并认为这个世界是一个让人担忧的地方，焦虑脚本就诞生了。

记得，记得……

我们儿时的记忆能帮助我们理解自己的生活脚本是如何形成的以及它如何帮助或阻碍了我们，更重要的是，它对我们理解自己的孩子极为有益。布鲁诺·贝蒂汉姆（Bruno Bettelheim）在《好父母》中给出了一些例子，这些例子让我们明白，我们对自己儿时经验的理解是如何帮我们理解自己的孩子。他还告诉我们如何借此增加父母权威。例如：

一个十几岁的女孩与她的母亲陷入激烈的争吵中。争吵以女孩诅咒母亲告终。这样的情况可能会让任何一个母亲感到不安。而这个特别的母亲几天来一直没有摆脱受伤害的情绪。她不明白：以前她们也发生过争吵，她从没有伤心这么久，但这一次为什么对她影响那么大？接着，她意识到这次特别的争吵与她儿时的一次很像。当她的父母严厉指责她吸烟的时候，她也诅咒了自己的父母。她记得那次她很想伤害父母，但她认为她并没有做到。她曾确

第二章 寻找问题的真正原因

信,对于父母来说她不重要,无论她做什么,都不足以对父母造成那么深的伤害。只有当她被自己女儿的行为深深伤害的时候,她才意识到自己的父母一定也曾被她伤害过。她想到可能是自己误解了父母,自己一直认为父母是有意不顾及她的需要而自顾自地行事。

这位母亲用新的领悟来理解她和女儿之间发生的事情。她感到女儿自己也一定被伤害了才失去理智的。和女儿的情绪相比,好像自己的情绪就显得不那么重要了。她明白了女儿是对自己失望才诅咒她的,而且这种失望非常像她自己对父母曾有的深深的失望一样。

我们儿时的记忆可以让我们对孩子有更多的了解,有更多的耐心。但是要做到这一点,我们必须愿意激活那些尘封的记忆,这样我们才能回忆起那些情感。

练习

想想最近你和你的女儿或儿子的一次冲突,想想当时你产生了非常激烈的情绪的场景。现在,停止想你的孩子，相反，想想自己还是个孩子的时候。你的孩子做了什么样的事会让你想起儿时的你？你和父母是不是为类似的事情发生过冲突？你曾听过你父母说起你自己也给孩子说过的事情吗？那时候你最想从父母身上获得的是什么？接下来考虑一下是否在你的回答中有些可以帮你理解孩子如此行事的原因。

透过镜子看真相

另外一个可能会影响父母和十几岁孩子关系的问题是我们对孩子的行为做何种程度的反应。许多儿童行为专家告诉父母们说，在面对和孩子对抗的情况时，要保持平静和理性。毫无疑问，这是明智之举，但就像其他许多合理的建议一样，要实施起来几乎不可能！

孩子和我们非常亲密，在他们身上常常有我们的影子。他们携带着我们的基因，而且我们还养育了他们，他们只能是这样。我们中的许多人工作非常努力就是为了给孩子提供更多的机会，而这些机会往往是我们在孩童时代错过的。因此，我们为他们投资。接下来呢，我们常常会在看到我们期望的特征出现在他们身上时而感到高兴，我们也会因自己不喜欢的事情在他们身上发生而感到不安。如果我们努力克服这种倾向，我们可能甚至更失望。如果孩子

第二章 寻找问题的真正原因

获得了我们为之努力提供的机会，我们会很高兴，但是如果这样的机会被孩子忽视或放弃我们就会感到生气和困惑。

当有很深的情感卷入时，保持平静是不容易做到的。当我们看到孩子身上出现我们自己以前或一直也要克服的问题时，或是当我们看到他们错过了宝贵的机会时，我们往往会感到烦乱。我们需要明白的是，这些受伤害、失望、气愤或是挫败的情感更多的是为自己而不是我们的孩子。

想想最近你和孩子生气时的场景。写下一些句子来描述你的孩子是如何做的。尽可能客观一些。现在问一问自己：在你的孩子身上是否有和你一样的行为方式，是否存在和你过去一样或相似的行为方式？这一章的焦点是通过回顾你自己的发展过程来帮助你明白这种观念的重要性。可以断定，你无法让你的孩子做出改变来使情况变得更好一些。你所能做的就是改变自己。只有当你足

够了解自己后，明白要改变什么，这时你才能真正改变自己。

生活脚本让问题"打折扣"
(DISCOUNTING)

通读这一章，你会了解事情是在什么时候、以什么方式变得难以解决了，这时，回到过去那种让他人来为我们负责的状态就显得非常有诱惑力了。我们可以进入自己的脚本并按照多年前的方式思考、感受和行动。

年幼时，我们真的不像现在这样既有意识又有能力。例如，因为我们不会说话，不能和他人沟通；懂得不多、缺乏经验、身体弱小，因此我们很容易被他人忽视。结果我们的选择非常有限。我们只能等着别人来解决这些问题，或者调整自己的行为来满足周围人的愿望，或者只能烦躁、困惑和不安。

问题是，我们儿时在别人的监管下做出的反应无论多么有效，这些反应在成人时就不再起作用了。在我们以儿时的方式行事时，通常会将有关我们、他人或当时状况的信息忽略或是打折扣。下面是一些具体的例子：

● 你若无其事的态度可能将问题打折扣。例如，一个十几岁的孩子点燃了一支烟后，开始猛烈地咳嗽。父母可

第二章 寻找问题的真正原因

能会继续他们自己的谈话,就好像什么事情也没有发生,或者其中一位可能会说:"咳嗽?什么咳嗽?"

- 你会把问题的重要性打折扣。你认识到问题的存在,却否认它的严重性。父母可能会这样相互安慰说:"噢,别担心,他总是在咳嗽!"

- 你会把解决问题的可能性打折扣。这就意味着承认问题的重要性,但却排除任何找到答案的可能性:"我想让他别抽烟了,但是我就是没有办法说服他。"

- 你会把自己的能力打折扣。你承认出现了问题,也知道它很重要,而且会有解决的办法,但是却认为你无法解决:"我无法控制他,他从来都不听我的话。他只听你的!"

以上这些例子中的表现可引发特定类型的行为。因为这些行为没有一个能真正解决问题,我们称之为"不解决问题的行为"。

- 什么也不做意味着停止思考,或者由其他人来管,或者让问题继续。

- 过于适应意味着我们确实在思考问题,但是这种思考并没有引导问题按对我们最合适的方式来解决。相反，我们会努力以他人想要的来代替我们所相信的。

● 焦躁常常会引发许多行动，但是却并不能解决多少问题。暴力有时候是一种挫败感的结果，当我们非常焦躁又无法解决问题时就会有挫败感。

回想一下，最近一次你的孩子让你感到不满意而且还留下了你无法解决的问题的情景。回想的时候，能否确定在哪些方面是你不合实际地把你个人可利用的资源、信息或外部资源打折扣了呢？你是否本来可以按另一种方式行事呢？你是否将孩子做出一些不同的事情的能力打折扣了呢？你有一些可以得到但却不想利用的资源吗？你的孩子在上面提到的哪些方面打了折扣呢？

你能确认哪些是你做过的"不解决问题的行为"吗？扭转这种情形！当你开始做出"不解决问题的行为"的那一刻，想象自己脱离了脚本而且能够控制事情的发展，这样你就具备了较强的从成人角度思考问题的能力。接着感受一下，做做那些可以解决问题的事情。你能从这个练习中学到什么以备未来之需？

第二章 寻找问题的真正原因

家庭是一个系统

在这一章里,我们通过考察影响父母与十几岁孩子关系的重要因素而设置了场景,让读者走入一种情境。把家庭看成一个系统是一个形象的比喻。一个系统包括一套元素和它们彼此之间的关系。每一个元素本身是独立的,它们是整体的一部分。每一个元素对其他元素以及整个系统都会产生影响。

我们每一个人都需要系统提供给我们所需的东西,并且我们每一个人都要努力获得这种影响他人的能力。在下一章里,我们将会看到有关影响家庭系统的不同方式的内容。在本书的后面部分,我们还会看到一些由这些动力引发出的问题的实际解决办法。

第三章 反思：我是什么类型的父母？

想一想，如果你住在自己喜欢的房子里，但你想做一些调整或变化。在决定实施改变之前，首先你必须以批判的眼光审视这间房子。你可以来回走动，看着要脱落的墙纸、潮湿的角落、有裂缝的房顶等等。当你这样做的时候，你就会形成一个行动方案。当然，注意和接受现在的状态，并不是说你不喜欢这个房子了。

同样，承认你想改变自己和孩子关系中的某一些方面并不是说他（她）就不要被你接纳、不可爱了。

这一章的内容会让你了解自己正在做的事情，目的是让你能够确定需要做出哪些改变。做出改变的第一步是一定要明白目前正在发生的事情。下面的内容可以帮助你确定自己要加以改变的方面。

时间

如果你的孩子整夜没有回家，你会一直不睡觉等他回家，同时感到非常气愤和担心吗？接着你会在他们回家的时候对着他们喊叫吗？或者你什么都不说，希望事情不再发生吗？你所做出的不同反应取决于犯错误的孩子是男孩

第三章 反思：我是什么类型的父母？

还是女孩吗？如果你的孩子在上学期间的晚上不睡觉，看电视看得很晚的话，你会因为你不想被看成一个唠叨的人而什么都不说吗？你会希望孩子很懂道理并让他们自己做决定吗？你会向你的孩子发出最后通牒吗？你会关上电视坚持让他们睡觉吗？

外貌

假设你认为你的女儿太浓妆艳抹，你会不让她出门吗？你会因为她的样子看上去很"滑稽"而嘲笑她吗？你会坚持自己的想法吗？你会把她的化妆品藏起来吗？你会对她进行说教，告诉她怎样才能拥有健康的皮肤吗？如果你的儿子拒绝穿校服，你会希望由学校来解决这个问题而让孩子穿自己喜欢的衣服吗？只要你不提醒，你的孩子就很少洗衣服，你的脸上会表现出厌恶的神情吗？你会买来肥皂和除臭剂放在显眼的位置吗？在朋友们还没羞辱他（她）之前，你就会先取笑他（她）吗？

沟通

当你因为孩子骂你而感到震惊时，你会也骂他（她）吗？或是气得流眼泪吗？或冷冰冰地告诉他（她）你不会接受这样

的言辞吗？如果孩子上次借的钱还没有还，就又向你借，你会马上拒绝他（她）吗？你会做出让步，不想被以为是个吝啬鬼吗？还是会说"不"来拒绝他（她），可是内心深处又充满内疚呢？假如他们抱着电话打几个小时，你会对着他们喊让他们挂断电话吗？你会打断电话中的谈话吗？你会什么都不说只是偷偷地看吗？你会就此事向你的朋友抱怨吗？

异性关系

你感到女儿可能和一个年龄较大的男子有性关系，你会在女儿不在的时候闯入她的房间寻找证据吗？你会用你的想法和感受来质问她吗？你会对她说教并告诉她这样的关系很危险吗？你会束手无策而只是费力地思考并为此而担心吗？你会阻止她再去见他吗？假设你在儿子的夹克里发现一包避孕套，你会立刻生气地质问他吗？你会因为他正在使用避孕套而叹气难过吗？因为感到尴尬，你会让丈夫来处理这件事情吗？你不喜欢和孩子一起玩的那些人，你会不让他们来你家吗？你会禁止孩子和他们一起出去吗？为了避免冲突，你会装着表面上喜欢他们吗？

学业

假设你孩子的某些功课学得不错，而另一些学得不好，你会就那些学得好的课而表扬并鼓励他吗？你会忽略那些学得好的课程而把精力用在让他（她）学好那些拖后

第三章 反思：我是什么类型的父母？

腿的科目上吗？你会一直给孩子请一个家庭教师辅导孩子学得不好的课程吗？若家庭作业一直是你和孩子发生冲突的源头，在孩子作业完成之前，你会一直监督着他（她）吗？你会向孩子强调不做作业的后果，然后让他（她）自己想清楚后果再决定到底做不做作业吗？因为相信这是学校应该解决的问题，所以你就完全不管这件事情吗？你会抱怨学校布置的作业太多吗？

家庭

假如你儿子一天中的大部分时间都呆在床上，你会对他喊叫，让他起来吗？你放弃了吗？你会一直竭尽你所能让他产生兴趣吗？你的孩子一直播放你不喜欢的音乐，而且声音非常大，你会就此跟他争论吗？你会把你的音乐声放得更大吗？你会到房子外面逃避邻居的抱怨吗？

如果上面的这些反应有一些是符合你的，那就意味着你对孩子行为的反应风格是"被动"或"攻击性"的。问题的关键就是"被动"或"攻击性"的反应方式最终很难解决问题。在我们明确不同的反应方式的真正含义之前，有必要听一句警示性的话。想想前面描述的每一种反应方式，你可能会发现自己的行为与某一个很像，因此而感到郁闷和生气。但事实上，这并不是这个练习的目的。这个练习只是想提醒你来关注现在正在做的事情，然后为你找到要做出改变的理由。

以上描述的每一种反应方式好像都是针对一个具体的人而言的，但是一定要记住，这些人并不存在。这些人中的每一个都像是一个符合某种特点的卡通人物，请不要对号入座。你可能会和我一样，你发现想到每一个人时你都会问自己像不像他。有时，我发现自己会用大家都喜欢的方式和孩子沟通，我们相处得挺不错。接着，可能的情况是，孩子说了什么或者做了什么事情，我就会变得立场不坚定而优柔寡断，此时此刻我就不知道我该做什么或说什么了。然后，也许就几分钟后，又发生了其他事情，我开始发脾气——大喊大叫，然后摔门。还有的时候我的行为方式像是M15间谍，想出一些滑稽可笑的策略来达到我的目的！这就是我，在不同的情境下有不同的反应。

"和平"为第一目标

这是被动型父母的座右铭。他们真正的目的是避免冲突。尽管逃过令人不快的冲突会有诸多好处，但是这样也有不利之处。经常发生的情况是，为了维持一派和平的景象，你不得不忽略自己的需要，不说出你的所思所感，甚

第三章 反思：我是什么类型的父母？

至可能会压抑自己。那样的话，你心里就会充满无法排解的忧虑和挫折感。如果你是这样的人，最终你可能会感到自己像一个"可怜虫"。为了让别人开心，你就会为他们承担许多责任。也许为了维持良好的关系，有些事情，别人并没有要求你做或者根本不该你做的事情，你也会去做。很明显，你常常是一个牺牲品，尽管你也可能认为让你承担这些是不公平的，但是你从来也不会做些什么来改变这种状况。假如遇到紧急情况，你可能会做出让步或者是走开。做出决定对你来说非常困难，因为你对做出一个错误决定或者让某人感到不安太过于在意了。

尽管他人似乎对你的好脾气很满意，但是他们可能会感到失望、不满，而且对你还有一种负罪感。当你知道这样的事实时，可能会很惊讶。他们之所以失望是因为虽然你在很多时候明显不高兴，但你从来不清楚地说出什么地方出了问题或者你的需要。这样的话，对他们来说，即便他们想要解决问题也很难做到。他们之所以不满是因为每当你为他们做那些他们自己能够做到的事情时，实际上是剥夺了他们为

自己做事情的自由。这是一个发生在父母与孩子之间的比较棘手的问题,因为当孩子年幼时,身为父母的不得不为他们做每一件事。要准确判断在孩子长大后何时以及通过什么样的方法让他们为自己负责,对父母来说会面临一些痛苦的抉择和一些可能发生的危险情况。孩子之所以会有负罪感,是因为尽管他们知道你的做法只是想帮忙,但是这种被动而且常常消极的生活观会激怒他们。

被动型的父母的教养方式过于放纵,致使孩子们似乎或多或少能自行其是。对孩子该做什么不该做什么的限制松散的话,孩子就会常常不明白什么是允许而什么又是不允许他们做的事情。一个十几岁的孩子面临着长大成人的发展任务。他(她)必须从一个依赖父母的小孩成长为一个独立的人。这种过渡不会一夜完成,所以上述松散的限制将不可避免地受到考验,而且还可能会产生亲子冲突。这些冲突的发生常会引起不愉快,特别是当十几岁的孩子对你视为正确的观点处处质疑的时候。避免冲突的危险在于孩子不能为他们自己设立清晰的界限。

为了赢而战

攻击性的反应的本质是竞争。攻击性的父母想要被认可,想控制局面。用这种方法对待孩子的话,冲突会外显出来,但不利的一面是,当人们把赢当做斗争的目的时,

反思：我是什么类型的父母？ 第三章

他们一般都听不进去别人说的话。如果你用攻击性的方式做出反应的话，你一定会显得不容置疑和强有力，但是真正的可能是你内心的自信不及你所表现出来的一半。只有你赢了，你才会有一种掌控感，所以每每此时都会产生一个潜在的战场。当然，赢的唯一方式是别人输。因此你总是会挑剔以寻找机会证明自己是正确的。你不听别人的想法，面对危机你首先想到的是攻击。在极端的情况下，你甚至会借助语言或身体攻击。尽管身边的人会与你合作，但是他们可能是满心恐惧地做事。这对于一个持久关系的维持并不好。

向孩子提出各种要求的父母表现出的是权威的养育风格，这种风格非常明显的是，父母说了算。这里不存在对孩子的限制松散的问题，相反，问题是限制过于僵硬，因此孩子从来不会赢，而通常发生的事情是孩子更激烈地反抗。"维多利亚时代的父亲"是这种情况的绝好例证。

这类家庭的特征是家庭成员在许多问题上存在分歧和冲突，父母通过威胁和惩罚来控制孩子，孩子要么是反抗，要么是顺从。孩子对父母的言行做出的反应总是不满，而不是学会独立，因此这是存在问题的。

只要能赢就维持和平

一些反应不会完全被停下来。具有攻击性的人会通过非常明显的方式攻击别人，因此他们可能会更多地表现出攻击性。间接攻击他人的人也需要通过赢来实现控制，但是当不直接表达攻击性时，他们会非常善于掩饰自己的感受。当自己能意识到这种情况时，你可能会通过控制他人来得到自己想要的，这样他们就能按照你想要的方式行事，同时你也不用直接和他们对抗。例如，在危机发生时，人的第一反应是攻击，但却是间接的。间接攻击的形式可能是不停的唠叨、责备、说闲话、说一套做一套、生气。例如，如果你是一位攻击型的父母，你为孩子在学校的表现而焦虑的话，那你可能会跑到学校，质疑老师是否负责，推开教室的门，对着老师大喊。尽管这样可能会发生不愉快，但老师至少知道发生了什么。一位间接攻击型的父母可能面带微笑地对待老师，然后又写信给校长、管理委员会或当地媒体！这就是间接的攻击。如果你属于这类，那么非常明显的问题就是，其他人会感到受控于你，同时也会非常的困惑。

当你读到这时，可能会发现你很熟悉其中的一些行为模式。这样思考你的行为不一定是找借口、自责或为自己

反思：我是什么类型的父母？ 第三章

推脱责任，我认为，认识到这一点很重要。你可能需要明白一件事情，那就是你是如何用以上三种方式在不同的情境下做出反应的。有时你也会左右摇摆不定。你也会因为被动而对自己失望，因而让自己变得攻击性十足来试图平衡一下。当发现这种行为也不能获得你所需的时候，你又开始摇摆不定而不知所措了。这样，你会总是感到失去控制力而被他人掌控。

父母权威＝不带有攻击性，但却能坚持自己

当知道有另一种可能性存在时对你来说是一种减压。除了以上三种，还有第四种选择，它与我们目前看到的方式不同，不会让我们陷入它们的境况。有时我们会把坚持和攻击性混为一谈。具有攻击性的人看起来好像是在控制局面，因为他们一直在制造噪音！而具有坚持性的人对竞争不感兴趣。他们主要的兴趣是沟通和解决现存的问题。沟通意味着理解和被理解，这样无论在什么样的冲突情境下，都可以把更多的精力放在发现问题产生的原因而非输赢或

对错上。坚持并非只是大胆地说出想法。它是一种能力以及协商的意愿，它使矛盾的各方都能从问题解决中获益。坚持的力量来源于一个人自我肯定的信念，以及人人都拥有一定的权利的观念。父母权威就来自于这种肯定。

父母权威——了解自己的权利

权利问题对于父母与孩子的关系特别重要，这是因为许多矛盾都产生于此。父母有一些基本权利。当你在阅读本书时，想想你自己的情况。这些权利你自己想得到吗？它们中的一些已经被剥夺了吗？如果是，谁剥夺了你的权利？

做你自己的权利

这是最基本的权利之一。它非常重要，因为父母和他们十几岁的孩子可能会花很多时间把对方变成他们想要的那类人。父母可能需要一个聪明、有礼貌、有责任心、合作的孩子，而孩子希望父母是慷慨的、不爱怀疑的、宽容的、随时能帮助自己的。这些"完美"的期望完全不符合一个真实的人的特点。

受人尊敬的权利

这意味着一个人被看做是一个有头脑、有能力、平等的人。这是父母应该拥有的权利之一，有时给予比获得权利更困难。当一切很顺利的时候，尊重他人的需要很容易做到，但是当处在压力情境时，用尊重的态度对待自己都很困难，更不要说对待其他人了。作为父母，你会发现尊

第三章 反思：我是什么类型的父母？

重孩子很难，他们似乎总是搞破坏，而恰恰孩子也发现尊重父母很困难，因为他们认为父母离年老体衰不远了。

表达感受的权利

作为父母，你可能已经习惯于孩子对待你时把你当成似乎不会有感受的人，而你也可能真要相信了。父母树立起权威的方法在于你愿意被孩子看成是一个"真实的人"，而不是权利的象征。感受也是你对周围世界的反应，是它们让你成为一个"真实的人"。一旦认同并接受了自己的感受，你就不会压抑，而会表达出那些积极和消极的情绪。

表达思想的权利

这包括坚持自己的想法，即使它们并不被他人认同。孩子很容易失去信心，他们很容易领会一些言辞的含义而且很善于思辨性地思考，并且认为自己的想法比你的更好或更正确。父母与孩子的想法可能不同，但是差异并不等同于谁的想法更好或更坏。

做决定的权利

这包括在既考虑你的

需要也考虑孩子的需要的基础上做出"是"或"否"的选择。你努力要成为一位好父母，满足孩子的需要，你已经习惯于他们应该拥有他们需要的每一份东西。

犯错误的权利

我们中的多数人对待别人的错误时会非常宽容。"噢，她还太小"，"他已经很独立了，我保证他下一次能做好"，或"他们自己并不知道自己在做什么"。另一方面，我们对自己却很严格。特别是父母，常常会把自己放在一种立场上，自认为必须成为孩子完美的榜样。明白一点很重要：如果你做了一件错事或傻事，这也并不意味着你错了、你蠢或你完全失败了。

说出你的需要的权利

你绝对有权利向某人提出要求满足你的需要。但是，不可否认的是你没有权利一定得到满足。无论你向谁提出要求，这个人都有权利决定是否给你所需要的东西，他们可以完全满足你、部分满足你或者拒绝你。

不理解的权利

有时候，理解十几岁的孩子是一件困难的事情，他们会有一些不同于你的价值观。他们的行为方式也超乎寻常，甚至他们的语言有时也无法理解。所以，你可以说"我不理解为什么你……"，这样的表白并不会让你显得有点傻。

第三章 反思：我是什么类型的父母？

改变主意的权利

和十几岁孩子相处的父母常常会遇到要快速做出决定的情境。由于时间有限，或考虑不太周全，你可能会做出一些让自己后悔的决定。你有权改变主意，你没有必要硬要坚持那些你已经后悔的决定。你可以说："我确实同意……但现在我已经改变主意了，这是因为……"

不一定和他人一致的权利

这也是一项基本的权利，之所以会不坚定地维护这项权利，是因为我们希望能得到他人的赞同。在我们小的时候，我们已经习惯了大人说一些奖励的话，如"做得真棒"、"好孩子"、"如果你同意这样，爸爸会很高兴的"、"如果你有礼貌，那奶奶会爱你"等等诸如此类的话。我们渐渐明白，如果我们以成人赞同的方式行事的话，那就会相应地得到爱的回应，而结果就是，我们依然会依赖他人来确定自己。求得了他人的赞同，我们会感觉好一些，孩子也是这样。

结合以上提到的基本的权利，可以联想一下那些对你来说很重要的人与你之间的关系。

练习

先停下来，现在来想想你的孩子不愿意你拥有的一些权利。你可以列一个清单，看看哪些权利可以让你与孩子之间的关系更加平等。下面是一些别的父母在这种练习中谈到的例子。

- 和伴侣、朋友保持联系的权利。
- 留出自己时间的权利。
- 受到礼貌相待的权利。
- 提前知道谁会来我家，并有决定是否同意他们来的权利。
- 属于我的东西受到尊重的权利。
- 表达的权利。
- 期望彼此达成一致后不会发生变卦的权利。
- 寻求安静、祥和气氛的权利。

当你列出清单时，试一试大声地说出你写出的权利，然后仔细体会一下你的感受，并自问一下：谁能给我这些权利呢？你可以回答：我会给自己这些权利，因为这些是我应该享有的。

坚定的父母会认同这样的理念：每个人都有自己的需要、愿望和情感。即使不同，但每个人都有权利表达自己。正因为不同，人人才都有权利去满足自己的需要、愿

第三章 反思：我是什么类型的父母？

望和情感，而如果要满足一些最基本的需要，生活在一起的人必须能够相互协商。人与人之间关系的坚定性需要双方都有合理的期望。

父母权威的含义与坚定性紧密相连。个人的力量来自自尊。如果想成为一个坚定的父母，你的自尊不能依赖于孩子是否赞同，你会接受自己积极和消极的品质，也更能理解和接纳孩子的积极与消极的品质。你自信能了解自己的需要，而且愿意公开表达，如果常常被拒绝，你可能会感到自己被全盘否定，那你会尽力与孩子协商出一些合理的解决冲突的办法。但是如果事情的发展并非如你所愿，你也不会觉得自己完全失败。你会尊重自己的权利，同样也尊重孩子的权利。

坚持自己的权利

了解并认同了属于你的权利，接下来就是让自己坚持拥有它们。必须克服的一个困难是你可能会担心：如果你坚持自己的权利，他人会出现什么样的反应？例如，孩子很可能会有挫败感,甚至害怕、生气以及鄙视你,或者一直闷闷不乐。孩子的反应对父母来说具有控制力,他们也在行使他们的权利。

约翰16岁时常带着一帮爱吵吵闹闹、一看就不太正经的男孩到自己家,他们到来后常把冰箱内的食物一扫而空,这样家里准备的一周的食物肯定就不够了。他们常待一个小时左右,一般在厨房和客厅里活动。他们吸烟,而且个个都有一些不为社会所接受的行为。一天,妈妈告诉约翰不想让他们在家里那样了。如果他们来只吃一些点心,妈妈愿意为他们准备好,而且他们只能待在约翰自己的房间里,他们可以一周来一次。约翰听后对妈妈大喊,他表示妈妈没有权力阻止他见朋友,并且整晚没有回家。

珍妮14岁,她问父母是否可以在迪斯科舞厅玩一个通宵,父母没有同意,但他们建议她可以玩到午夜时回来,而且父亲或母亲会去接她。她跑进父母的卧室,翻开所有的抽屉,还打碎了镜子。

尽管以上两个例子都是极端的(却是真实的),但是它们也的确折射出我们内心会有的种种担心。没有哪个父母希望听到孩子说"我恨你"、"你不关心我"、"我要离开,永远不回来"、"我根本不想你们生我",也没有哪个

第三章 反思：我是什么类型的父母？

父母希望孩子抑郁或者大发脾气。

被动而顺从的解决办法在这种情形下表现出明显的有效性。下面是一对父母描述的情景，他们所说的有可能会激发我们回忆起一些类似的情景。

我曾告诉莎莉我不希望她在未经我同意的情况下就穿我的紧身衣。我下定决心如果她再这样我就要质问她了，但就是想说的时候开不了口，我真的感到害怕，而且还出了汗，同时有些矛盾，摇摆不定。我无法忍受我们之间的争论，我很担心她指责我，说我太小气，因此我只能假装没看见。

你的孩子非常了解他（她）可以这样来控制你，不让你对他（她）提出太多的要求。

坚定地做出反应的方式之一就是不为他们的反应所动。你可以忽略或在那个时候不和他们沟通，或者当事情结束以后再面对面地沟通。如果他们没有得到期望的答复，那么发脾气或生气更是没用的。

要坚持你的权

利需要克服的另一个困难是：作为父母，我们都认为自己必须为孩子负责，如果他们表现不好，那我们就要受到责备，因而就不能让孩子自己承担许多事情。这样的想法有一定的道理。例如，一直以来你的态度都不是非常坚定，很可能你的孩子已经习惯地认为只要他们需要，父母随时随地会出现。然而无论过去怎么样，发生过什么事情，现在你要做的就是帮助孩子学会为自己负责，如果你继续为他们承担责任，那你就妨碍了他们学会成人的这项重要技能。而且，你有可能不太习惯于坚持自己的权利，同时不能在自尊感的支配下足够自信，并期望受到尊重。

和孩子公开沟通并向他（她）声明你的权利，但也同时考虑孩子的权利。这是一件让人感到有些害怕的事情，但有可能是你与孩子之间最值得沟通的事情。你正在向孩子传达一种信息："我爱你，也非常尊重你，我愿意平等地对待你，我愿意尽力满足你的需要和愿望，如果你也愿意同样对待我，那么我们就达到了一致！"

鲍勃和他 17 岁的儿子马克就面临了这样的问题。鲍勃感到绝望，他说："如果不杀人，也要打人了。"因为马克做每份工作都很难超过几周时间，鲍勃为此非常焦虑。尽管马克看起来过得不错，但找一份正式的工作根本不在马克的日程安排中。马克对鲍勃想和他讨论表现得有些鄙

反思：我是什么类型的父母？ 第三章

视和不屑一顾，也根本听不进鲍勃对他未来的担忧。鲍勃决定他有权利像个父亲的样子，而且他要过自己的生活。他对马克说："我知道你已经明白我为你担心什么，因此除非你问我，以后我不会再和你说这些事情了。因为我为你的事情太发愁了，我要好好过我自己的生活，从现在开始我都会这样做。当然假如你需要我，我随时会帮你，但是我不会再试图改变你。"可以想象，马克有些吃惊，后退了一下，鲍勃也知道这是马克第一次仔细思考他说的话。

鲍勃说，后来他仍然常常为马克的事情而担心，但是这种焦虑不再像以前那样让他无法承受。尽管马克现在回家的次数比以前多，而且他们也进行过一些有趣的谈话，但他没有主动和马克说过什么。

勇敢面对冲突

或许你的头脑里有一个脚本：只要有冲突就不好。也许你有很好的理智在冲突恶化之前就早早地解决了问题，也或许你是个独生子，从来没有机会学习如何处理兄弟姐妹间不可避免的冲突。有些孩子长大成人了，但从来没有和其他人发生过争论和矛盾，尽管氛围是和平的，但是这种环境不利于孩子学会应对冲突。大家生活在一起时，每个人都有自己的需要和愿望，常常发生冲突是不可避免的。如果冲突被忽略或者被掩盖，那往往积累到一定时间后就会爆发。勇敢地面对冲突并解决它才是更好的办法。你可以学会轻松地面对这些情境，并为自己能够处理冲突而感到欣慰。

设定限制

对于许多父母来说，设定限制是解决他们和十几岁孩子之间冲突的主要途径。首先要明确的是，父母有责任对孩子做出一些限制。十几岁的孩子也需要父母的一些限制，尽管从理想的角度说，父母应该和他们相互协商，但是也还需要一些限制。也许，我们会对此感到吃惊。和青少年一起讨论，会发现他们不喜欢父母设定没有任何解释的僵硬规则，但他们也不喜欢没有任何限制的放纵他们的父母。

作为父母，你需要帮助孩子学会如何寻找一些限制。这是迈入成年历程中重要的一步。这可能是一个渐进的过程，让孩子在其中也做一些决定，这样他（她）就能学会解释和表达自己的愿望和情感，而且能够了解和理解你的

第三章 反思：我是什么类型的父母？

需要。这样的话，身为父母的你拥有最后的决定权，但是孩子也会更加理解对他们做限制的原因。尽管也许最终你和孩子没有达成一致，但至少彼此不一致的真正原因是明确的。在下一章中，会教给你一些方法帮你与孩子达成一致，而这些方法每个人都能接受。

你有些什么样的假设？

在你的头脑里可能会有一些假设：孩子应该需要你的控制和帮助。例如，如果一切平平静静的，你有一段时间没有看见孩子在你身边，就会自然地想一些事情，"孩子在做什么呢？我最好看看，要确定一下他（她）有没有做不该做的事情"，或"我敢肯定他（她）现在遇到了麻烦"。或许这是孩子很小的时候常发生的，你的确需要不时地看着孩子，以免他（她）遇到问题或危险。

这背后隐藏着你不信任孩子可以自己做决定的假设。在这种假设的逻辑下你就很难相信孩子，你需要不断地检查和控制。想象一下你与一个和你在文化背景上有巨大差异的人生活在一起，但无论如何你没有理由不信任他。如果他们有一些你不太理解的行为方式，同时他们也有一些不理解你的地方，你最多的感受可能就是，"他们为什么会那样做"，或"我想知道他们现在究竟在做什么"。试着按照这种思路来想想你十几岁的孩子，慢慢地你会养成对孩子的行为抱有好奇心的习惯，而不是首先就想到赞同或不赞同。

当然，你会发现孩子做的有些事情会让你感到非常绝望或者焦虑，因为你知道如果他们按照自己的方式做了，事情会变得很糟。对你来说最明智的做法就是让孩子知道你的意见和担心，然后让他们自己做出决定。这就意味着你放手了，不再为他们做的决定负责。放手让孩子做决定会给孩子留出空间，并向孩子传达出理解他（她）和对他（她）的事情感兴趣的情感。同时，你也让自己从矛盾和斗争走到放松，再到坚定自己的想法。

杰克回想说："我听见儿子给一个女孩打电话说他想约她出去。我知道他实际上非常紧张，但是我听得出他假装自己绝对自信，俨然一个真正的男子汉！我想走到他身边拥抱他并告诉他放松一些，不要感觉那么为难，但是我当然不能那样做。我记起自己带一个女孩出去玩的情形，整晚上我都在看菜单，因为不知道口袋里的钱是不是够支

反思：我是什么类型的父母？ 第三章

付那个女孩点的菜。现在我想起来就觉得好笑，但那时感觉很糟糕。"

练习

想想孩子让你感到奇怪的事情，然后列出来。从头到尾地看一遍，看能否找到一些引起你思考、同感或理解的行为。有哪些事情让你想起自己十几岁时的情形？针对每一项试着写出这样的句子："我理解他（她）……的原因。"

这一章的主要目的是要鼓励你开始放下你紧紧抓住的为人父母的负担，鼓励你为自己的需要负责，允许孩子更多地为自己负责。这是相互尊重的基础，也是我们这一章的目标。

纵观这一章的内容，我们知道每个人都有自己面对困难和挑战的反应方式。被动的、间接的和直接的攻击通常不能获得令人满意的长期效果。要增加父母权威，你可以培养坚定性，并愿意：

- 牢记父母的主要任务，是为孩子成为一个独立的、能自己做决定的人创造条件。
- 为自己的幸福快乐负责。
- 公开地表达你的想法和情感。
- 认同自己也拥有基本的权利。
- 勇敢面对冲突而不是逃避。
- 以解决问题而不是获胜为目标。
- 以和孩子建立平等的关系为目标。
- 假设你的孩子有潜力应付自己的生活。
- 让你的孩子为自己做决定；表明你的意见，而不是要控制。
- 建立你的自尊。

第四章 与孩子共同生活的相处之道

到目前为止,我们已经谈到父母权威背后的一些东西,现在将之付诸实践。记住,我们是在寻求建立在大部分时间里父母和孩子生活在一起的一种关系模式,在这种关系中,不意味着没有冲突,但可以通过一种建设性的方法来处理所有的冲突,同时让你感觉良好。

到底是谁的错?

共同生活在一个家庭里意味着几个有密切关系的人彼此关联,每个家庭成员都有一定的性格和品质,他们的行为方式相互影响,并且每个人的行为方式都影响整个系统。例如,一个喜欢逃学或者厌食的孩子会激起家庭其他成员强烈的情绪和情感。在不幸福的家庭中家庭成员往往会去探究到底是谁做错了。是父母过于严厉还是太娇惯孩子了?或者是孩子的错,是孩子太自私或者太粗心了?在我

看来，寻找到底是谁的错是没有意义的。第一，在一个紧密联系的系统中会只有一个因素在起作用吗？问题不仅存在于症状中，而且也存在于家庭成员彼此相互的回应中。第二，即使你能发现是谁的错误，怎样去解决也是一个问题。所以即使能够明显地发现是谁的错，问题依然存在。

如果你考虑或者担心谁是生活中的犯错者，这有一个办法你可以试试。坐下来并且列一张单子，在上面写上你想责怪的人和事，正是这些人和事弄糟了你的生活。你写这张单子至少要花费五分钟，你尽可能严厉地责怪他们，在你的大脑里假想着责备他们的情景，或者大声说出来。当结束时，想一想，你所做的究竟使什么发生了改变。最好的结果就是你感觉好点了，像出了一口闷气，但是问题还是没有解决！

学会思考、沟通、协商

我建议寻找可行的办法来减少这种紧张和不安，采用思考（评估）、沟通（谈话）和协商（互动）的办法，而不是责备和惩罚。

第四章 与孩子共同生活的相处之道

首先思考

评估是指在开始行动前首先花时间思考。任何事情都不会凭空发生，即使孩子最不可思议的行为也一定有其自身的原因和逻辑，而你的回应又对他们有什么样的影响呢？所有的人都有对食物、温暖、居所、安全、爱、接纳、激情、放松等等的需要，这些需要都是最基本的，以至于我们不会有意识地对它们进行太多考虑，我们只是试着去满足这些需要，而有时候能够满足，有时候不能满足。也许其他人会阻止我们这些需要的满足，因为彼此的需要会相互冲突。与孩子之间的情况是一样：我们努力去满足他们的基本需求。这在很大程度上是一个无意识的过程，在解决问题的时候我们经常对此考虑得不够。

在着手解决问题之前，如果你肯花时间尽可能多地理解问题背后的东西，那就能够避免经常发生的冲突局面。

通过问自己一些问题来帮你评估目前的状况吧。

问题1：我在想什么？

一个人们心目中固有的看法是，父母的态度应该是保持一致的。这就意味着如果以前你接受一种行为，那么你现在和未来也会接受。如果你现在不介意什么，那么你永远都不要介意。如果你曾经赞同一件事，那么你永远都不

要再质疑它。

这个想法的前提是假设我们的思想状态总是相同的。但你要明白这个假设是无意义的,当你心情很好,处于放松状态时,或生活一切顺利,或者你精力充沛,或你正在为所做的事情感到很兴奋时,你会更倾向于用积极肯定的方式对待你的孩子。吵闹的电视或者到处乱丢的衣服在这种时候也不会激怒你。反过来,当你心情不够放松,感到焦虑、害怕或者生病的时候,你的耐心和容忍力会降低,优美的音乐声听起来也会扰人,你也会没耐心针对孩子回家时间的问题和他们长谈。

如果最近孩子和你有过对抗,花一点时间考虑一下你在这件事发生之前、发生时和发生之后的想法和感觉,是不是有其他事情正在影响你的情绪状态?是不是感觉有什么不同的地方?是不是有些时候你的行为也有不一致的地方?你会把你的感受以及这些感受对你有什么样的影响告诉孩子吗?

第四章 与孩子共同生活的相处之道

问题2：究竟发生了什么？

当我们处于压力之下的时候，对正在发生的事情的后果就往往会想得比实际的更严重，而且人类有相信他们可以读懂别人思想的倾向。这样，就会有一个危险：我们的反应不仅是针对实际在发生什么，也不仅是我们主观上想到的正在发生的事情，而且还会想到关于别人在这件事情上是怎么想的。你可以看出这是多么复杂啊！

就一个现成的问题，写下你和孩子之间发生的事情。写下你的孩子说了或者做了什么，不要想他们没有做的（主观臆断）——没有发生的事情是不能改变的，正在发生的事情可以变得更容易被接受。你以怎样说、怎么做来应对正在发生的事情？是什么事情让你不能接受？你希望事情如何进展？你怎样做才能让事情按自己的想法进行？你想那么做吗？你愿意让你的孩子那样做吗？你是否陷入了主观臆断孩子的想法和感觉的陷阱（如他或她可能并不爱我）？你不可能进入别人的脑袋去让他们有不同的感觉和想法。你所能做的只是认真地、明确地和他们交流，告诉他们你的期望。

问题3：我的需要是什么？

你可能不习惯思考自己最需要的是什么，特别是你已经花了大量的时间和努力去想象孩子需要的东西。但是他们现在是孩子，正在学习对自己负责，对你来讲最恰当的做法就是思考怎么做才能同时满足你和他们的需要。当你和孩子的关系出现问题的时候，就可能是因为在一定程度上没有考虑到你的需要和想法，请学会问自己：我的感受是什么，我需要什么，然后倾听你内心的声音。大多数人在小时候就被教育考虑自己的感受是自私的表现，所以我们学会了忽略自己的感受和欲望，而忽略这种内心声音可能会变成一种习惯，你必须改变！

如果你在一定程度上忽略自己的内心需要，那你就完全被别人的想法和需要所制约，你会缺乏热情而不能满足自己的内心。你作为人的权力的这部分需要应该由你的想法和感觉控制，请你不要把这种力量交给别人。

列一张单子，写上你认为孩子没有考虑到的你的需要和想法（例如，晚上我需要一些自己的时间，我希望我的

观点被认同，我希望被重视），然后计划一下你和孩子为确保需要被满足所要做的事情（例如，告诉你的孩子，你想在 9~10 点这段时间安静地在起居室休息，在这段时间请他们另外找地方做自己的事）。

问题 4：过去发生了什么？

要想想那些导致我们步入某种境遇的事件，那些通常和问题本身同样重要。

个人发展经历上有两个因素值得参考。第一，个人经历，其影响、作用在第二章中有关生活脚本的内容中提到过。当我们的孩子还很小时，我们很清楚他们的每一件事情，他们会告诉我们他们的想法和感受，大部分时间我们和他们在一起。当他们逐渐长大，上学，交朋友，开始发展他们自己的思想和人生经历时，他们同时在创造自己的历史，这是我们没有意识到的。

第二点是致使我们步入某种境遇的过程。这种境遇是不是因为其他的事情才产生的呢？它以前发生过没有？例如，是不是曾经承诺然后又没有兑现？这是不是一系列事情中最重要的呢？

从你的问题中选取一个作为例子，尽最大努力去发现

究竟是什么导致了问题的发生。你要和你的孩子还有相关的人一起讨论它,就像前面建议的你要问自己那样!

问题5:我的选择是什么?

也许你会感到没有选择的余地,但也许你会有更多的选择。如果你被别人刺痛,想大发脾气,那你一定要花一点时间去想想可能会有的选择。如果你能让其他人参与(听取别人的意见)那更好。把你想到的任何事情都记下来,不要担心它是否可能、可行甚至合法!这个练习的全部重点就是尽可能产生更多创造性的想法!所以越滑稽的想法越好!也许一个相对超前的想法会很不合理,但另一方面也许解决问题的种子就埋在其中。不要让自己或者其他人对任何想法都说"不"、"绝对不行"、"那是个愚蠢的想法"、"那太浪费了"、"他们不会同意"、"我已经那样做过了"等等!综合这些想法然后总结提炼一下,好的解决方案往往来自积累、整合或者超越那些已经提出的想法!

当你实在想不出来的时候,花点时间去验证每个想法,把那些明显不可能实现的想法除去,另外一些可能并且可行,就值得一试。事实上很多都是第三类的,听起来不可能,但是值得思考一下,把这些打上一个标记"P"代表可能。

下一步就要做出决定你想尝试哪个想法了。

你在选择时,可以把你的孩子也考虑进去。如果你真的面临一种很难选择的特殊问题，试着说"我只是不知道怎么说，我想找到一个办法能处理得更好，但是好像没有任何结果，你能想到什么，能帮帮我吗？这时不要担心它是否可行，让我们看看目前可以提出多少想法"。你可以从一些看起来非比寻常的事情开始，例如："我们走出去，掀翻整个房子，你看怎么样？"一般情况下你的孩子会对这个有所反应，因为通常他们会对不同寻常的解决方法感兴趣，这个过程显示出你和他们一样都有荒谬的想法。这也把一种更轻松的氛围引入比较沉重的场景里。当然，你们要提出一个可以很容易接受的解决办法！

如果在这个时刻有事情发生，让你觉得你的选择很有限，那就花几分钟时间去动脑。如果你想不出任何事情，可以咨询其他人，向他们简单陈述一下事情的经过，然后说："我已经麻木了，我需要一些真正疯狂的想法——哪怕仅仅是玩笑。"

问题6：这是谁的问题？

这个问题听起来有点愚蠢，因为在这个时候好像每件事情都是你的问题。但是，这么问对那些已经发生了一段时间的事情特别重要。你的孩子做过的一些事情显然对你的生活和未来产生了影响,但他们做过的另一些事情尽管对他们自己有明显的影响,但却不会影响你未来的生活。当你想给他们一些建议,想要表达你对他们行为的看法时,你不必花费太多的精力去改变那些与你关系不大的事情。

如果你手头有一张在第一章提到的写着你的孩子激怒你的事情的清单,那现在我们就回到那里。

首先,试着思考清单中列出的每一件事情的因果关系,简单地摘记下来,然后把这些原因分成两类:"我的"和"他(她)的"。如果你不能确定某一条是属于谁的问题,那么想想你是否有能力去影响这些问题并做出改变,如果你不能,那么这些就是他们的问题。但是如果你打算继续努力,那么回避那些你无力改变的事情就是明智的做法。

这里有一些例子在大多数父母列出的清单里出现过,它们可以显示出问题的原因是怎样被分成"你的"和"孩子的"这两部分。

看电视太多了

他(她)的:

 浪费了太多的时间;

与孩子共同生活的相处之道 第四章

影响家庭作业并且在学校惹了麻烦；

视力、身体太过疲劳。

我的：

我想看自己喜欢的节目时，电视却被霸占；

我感到内疚，因为他们应该做一些更有意义的事情；

我不想因为我关掉电视而引起激烈的冲突。

讨厌的、不值得交往的朋友

我们来定义一下"不值得"的具体含义。一般而言这类人的价值观和你的有所不同，而且他们的表现与你想要教给孩子的东西不同，或者他们的年龄比你的孩子大或者小太多，或者他们吸毒、吸烟、说脏话，或者有犯罪记录，甚至他们怂恿你的孩子冒险。

你希望与孩子交往的是那些和你有共同点或者不会引导他们走向危险的人，这种愿望很正常，就像孩子希望自己有选择朋友的自由一样。事实上，这经常是年轻人最大限度地展现他们走向独立的一种方法。你无须对孩子交往的朋友负责，从长远看这也不会影响你的生活。

他（她）的：

这些朋友会说服他（她）参与无法拒绝的活动或者生活方式；

他们将给他（她）带来麻烦；

他们分散孩子对学校学习的注意力。

我的：

实际或者潜在的财物损失；

对我有过粗鲁或者不友好的行为；

他们来的时候霸占这个房子，好像房子不是我的；

我害怕他们，跟他们在一起的时候我不够自信；

他们带我孩子出去的时候，我感到难过。

按照是谁的责任来对出现的问题进行分类，是为了让你根本不在本该孩子自己要负责的事情上为他做很多，因为这是他们需要处理的事情。我建议你放弃做这些不是你责任的事情，把重点放在属于你的事情上，以后的章节会告诉你如何去处理这些情况，让你不再感觉那么无力。

看看在这章开始你列出的清单，确认你的清单上列出的问题会影响你自己的生活和你的未来，或者你已经可以处理它们了。其他的是属于你孩子的事情。

问题 7：可能发生的最糟糕的事情是什么？

这是一个特别有用的问题。肥皂剧的每一集结局都有一个灾难和危险事件发生，这个你是很熟悉的，这就是让我们能继续看下去的悬念——我们都要等着看剧中人物是怎样摆脱危险的。大多数人都有很强的在头脑中编辑肥皂剧的能力。例如，我们看剧中的自己，非常坚定地与孩子对抗，然后继续演绎我们的"灾难"电影。我们想到自己完全被蔑视和拒绝，或者孩子离家出走然后陷入令人恐怖的麻烦之中，我确定你能导演出你自己的肥皂剧的结局。

当然，最坏的事情发生的可能性很小，真实的生活很少是肥皂剧。因为一个可怕的想象就去阻止你坚定的行动是没有意义的。

一些时候你可能会想："没有什么事情可以改变！看起来要有所行动会显得很麻烦，如果事情最终仍然没有改变，尤其是如果还有一些风险，那行动就没有什么意义了。"如果这是你的想法，那么再考虑一下：你期望做到一些事情但是没有做到。如果你尝试去做却失败了，那你仍然没有做到。但这并不比以前更糟——所以哪里有什么风险？！最后你会觉得自己尽力了，最多发现你不是一个很好的剧作家！你的孩子的反应可能比你曾经想象的要积极得多。

> **练习**

请思考一下你目前解决问题的一些做法，设想所有可能的结果。注意你是否倾向于去想一些不好的结果发生，如果是这样的话，那么请你客观地看待这一切：你的担心现实吗？如果最糟糕的事情只是什么都没有改变，那么真正的风险又有多大呢？!

到目前为止，如果你和孩子之间相处有问题，在你着手解决之前先花点时间去做一个评估。评估可能会让你决定和你的孩子谈谈关于正在发生的事情。下面是第二条规则。

保持沟通

第二条规则是沟通，不仅仅是谈话，还包括倾听。沟通是相互理解的艺术。它意味着你能够表达出你对所发生事情的感受和想法，意味着直接谈论问题而不是绕开问题，或你不必担心别人是否会赞同你的想法。它也意味着倾听别人的倾诉并且尽全力理解他们。好的沟通绝不是单向的。如果你不能或不愿意理解别人，那么为自己做解释时即使你的口才再好，你再聪明也是没有什么意义的。

说说你自己

说出你的所思所想看起来是一件很容易的事情，但有时候做起来就困难多了。表达你自己的需要并不意味着你对别人很自私或欺负别人。它意味着在生活中你和别人有相同的权利，不多不少。具体到你的孩子，这意味着平等地对待他们，这也往往是他们最需要的。

注意你的语言

一个最有效的方法就是当你讲述你自己的经历时，用来表达你意愿的语言能够起到表达作用。这就是说要在语言中使用"我"。英语中提供了大量的表达方式避免说"我"：

"为什么没人打开窗户呢"意味着"我感觉热了"。注意，使用"你"、"我们"、"哪"、"一个"来代替"我"，传递的信息是不清楚的。这样说需要听众自己理解，这通常是很危险的，因为他们可能会错误地理解你的话。

当你用带有"我"的语言说话时，你头脑中可能会涌现一些信息，要为此做好准备。你可能会想："没有人喜欢我"，"别人会认为我自私"，"他们会觉得受到伤害"。

一些信息本身是很强烈的,绝对不会完全消失。只要你能理解这些信息,就不会对你产生不利的影响。

这些想法通常是夸张的。如果直接沟通,尽管也许有人会感到惊讶,但他们是不太可能拒绝你的,而孩子们更容易对你的话感兴趣。

如果你还是不直接沟通,你担心的问题会更容易出现;当他人必须通过猜想你的想法来了解你时,他们经常会误解你。

这些想法也是我们常有的,非常熟悉的。请问问你自己是何时出现这些想法的,你会发现这样的思考方式变成了一种习惯,思考的内容和过去的联系比现在要多一些。

这里有一些练习可以训练你使用"我"的语言,请尽可能完成下面的句子。

现在我想 ……………………………………

(例如,"我不明白这个练习的意义","这个很有趣","我不知道要写些什么"。)

现在我感到 …………………………………

第四章 与孩子共同生活的相处之道

(例如，不确定、不自在、兴奋、头痛、寒冷，等等。)

我想要 ……………………………………………

(例如，一杯茶，一座大房子，感觉充实，一份有趣的工作，等等。)

我将 ……………………………………………

(以你的一些需要来续完这个句子，例如，"我将喝杯茶"，"我将要搬到一个更大的房子"，等等，就是要看看通过沟通来满足自己的需要是一种什么样的感觉。)

不要担心你的话是对是错，这只是让你习惯将你的想法和他人沟通的一个练习而已。

做出决定：在下个月中每天都做这个练习，写下这些句子，然后对着自己说，通过这种方式你就会习惯于这种自我对话。将自己想象成一个在熟悉剧本的演员。当你掌握这个剧本的剧情后，你可以进入第二部分的练习：当众表演！每天对一个人说一次你的感觉和你的想法。如果对你来说这是个全新的练习，那可以从对熟悉的人说非常简单的事情开始。你可以和你的伴侣、朋友甚至其他人的孩子说（别人的孩子往往比你自己的孩子更容易交流），当你有一些经验后，你就可以按照这种方式对你的孩子说话了。

有一些带危险性的词语会让直接沟通变得非常困难，所以尽可能地避免说这些词。

必须，应该，应当

　　这些词语代表的表达方式意味着你被一些神秘的外力所控制，让你不能对自己负责。

　　注意"我必须每周去看祖母"和"我选择每周去看祖母"的不同之处。

不，不要，决不，不可以

　　换句话说，是说否定词。设想你在超市刚刚得到一个奖励，这个奖励就是在三分钟后你可以得到任何你要的东西。如果你说你不想要的东西："我不想要酒"，"我什么烟都不想要"，"我不想要冰豌豆"……获得你需要的东西有多大的可能性呢？如果这里有你想要的东西，请用正面肯定的方式来提出要求。"请每晚清理你的房间"比"不要让你的房间那么零乱"更好，"我们谈话的时候，如果你能看着我，我会更舒服"比"不要左顾右盼"更好。如果有人用否定的方式和你说话，那试着问"你究竟想怎样"，或者"你更希望怎样呢"。

不可能

　　在告诉别人你不能做某件事的时候，你应该委婉地表达出这样的意思：只要你能做，你是愿意做的，但是某些人或事使你不能去做。试着用"或许不能"来代替。那么"我不能理解你"变成了"我或许不能理解你"；"我不能借钱给你"变成了"我或许不能借钱给你"。

但是

问题就是:说"但"之后的内容比说"但"之前打了折扣。例如:"我真的喜欢那套衣服,但是你选的那双鞋真让人难为情","知道你在学校很努力,但是你能不能更刻苦点"。尽量习惯用"和"代替"但是"。

总是,决不,每个人,没人

当你强烈地想表达的时候,很容易用到这些词。说这样的话存在的危险是:说的话通常很少是正确的,所以传达的信息可能被误解。如果你发现你自己说出或者想到"没有人在意我",那么仔细想想:真的如此吗?在你的生活中真的没有一个人曾经说过或者做过什么来表达他是在意你的?这类话更像是在别人所做的事情并没有满足你的需要的情况下说出来的。

和那些说出后具有危险性的词语一样,有些话会成为沟通的障碍,下面是一些常见的情况。

提出问题

通过提问可以让你的想法被他人了解,这是一种有点诡秘的方式,但你也无须为此负什么责任。如果是为了得到信息，那么你可以问一个问题，否则就请你用陈述的语气。例如，把"昨晚你什么时候回来的"变成"我以为你会早点到家的，所以我很担心你"。如果对别人的问题存在疑问，那你可以说"是什么原因呢"。要避免对一个问题不假思索地说出"为什么……"，因为一个以"为什么"开始的问题容易使别人反感。说"是什么原因让你这样做呢"比"为什么那样做"更好。

有所保留

你可以直接或者间接地否认你的需要和感觉。例如，直接表示有所保留时会说"我不介意"，"没问题"，"究竟想怎样"，"我感觉很好"，"我没有生气"，"我不需要任何人帮助"。间接地表示有所保留，一般都是通过身体语言而不是口头语言的，所以让人领会就更加困难了。耸肩、微笑、昏昏欲睡、说单调的话语、退缩都可能表达这样的信息："我感到乏味"。如果你怀疑对你说话的人有所保留，试着问他们，"你还有什么没有说的么"，或者"我知道你说过没关系，但我想确认一下真的是这样"。

说话留有余地

总而言之，这意味着保留部分信息。你不说"希望你立刻离开，让我自己呆着，这是我一天中第一次休息"，你可能会说:"你现在想让我做什么?"说这样的话时,没说出的通常是你的情感、需要和戒备。

转移

如果你对什么事有强烈的感觉,它可能已经出现一段时间了,也许它已经转变成别的事情了。"转移"让你间接地表达你自己。例如,你的生活脚本中有一条原则就是不愿意表现出担心和恐惧,所以任何时候你都害怕表达愤怒。你可能不能对你的伴侣表达愤怒,所以你将它发泄在孩子身上,你对他(她)大吼大叫。关于"转移"的一个典型的例子是办公室的经理被老板批评后将怨气发泄在秘书身上,秘书发泄在文员身上,文员一直等到回家后发泄在猫的身上。

当别人对你生气的时候,你可以猜想他们把你当做别人的替代品了,你可以挑战他们:"你好像生我气了,尽管我没有做任何让你生气的事情。今天有什么事情让你心烦意乱吗?"

随着意识的增强,你可能会想改变方式,更直接地传递你的信息。你越是直接,你周围的人就越可能理解。

身体语言

尽管我们如此看重语言，但是你也没有必要只用一些简单的语言表达你的所思所感。你和身体进行交流的东西可能会确认或反驳你正在说的话。通常，身体语言能非常准确地表示出隐藏在语言背后的感受，而且身体语言更难控制，因为很大程度上我们无法意识到它们。然而，通过提高你的意识并且注意一些体态和手势，可以让沟通更清楚明白。例如，当你紧张的时候你会变得不安，手指间拉扯或者扭曲一缕头发，双手紧紧握在一起，捂着嘴以致让人听不清你说的话，这些都能表达出你不够自信的信息。

关注你自己和别人的身体语言能帮助你提高沟通能力。改变你的姿态让你看起来更自信，事实上也让你感觉更自信。想了解更多的这方面的知识，可以参考艾伦·彼茨（Alan Pease）的《身体语言》（*Body language*，Sheldon Press，1984）。

找一些你并不了解其背景的人的照片，仔细地研究，看看你能从他们的身体语言中读懂多少东西。做这个练习的另一种方法是关掉电视的声音只看图像，看你能通过画面中人们的身体语言猜到多少电视里正在发生的事。你可

第四章 与孩子共同生活的相处之道

能会注意到,例如,当两个人达成一致的时候他们的身体语言也是匹配的,他们可能有同样的坐姿、相近的手势。

私人空间

这是最后一个需要考虑的问题。像大多数动物一样,人类也有各自的领地,当其他人未经邀请而进入我们的空间时,我们会变得充满敌意或者不安。只有那些与我们有亲密关系的人,身体上的靠近才不会让我们感到不安和不适。

当和孩子进行沟通时,考虑到这一点也是很重要的。我们可以设想当他们还是小孩子的时候,我们可以尽可能地在身体上靠近他们,但并不总是可以这样做的。孩子同样需要私人空间,父母要习惯只有等到被邀请才能进入他们的空间。设想你有权利走入他们的房间,看他们的日记等,更可能增加你们之间的紧张。

问题的另一面

沟通是一个双向的过程,我们已经仔细论述了你如何直接和你的孩子进行沟通。沟通的另一面是如何倾听。倾听是沟通的一个主要部分,绝不仅仅是听词语,它有更多的意义,甚至更为重要。

批判性的倾听

批判性的倾听是指要衡量你所听到的话,并将其与已经在你意识里的想法相对比,来决定你同意还是不同意这种说法,判断它们是正确的还是错误的,明智的还是愚蠢的,合乎逻辑的还是不合逻辑的。当你需要提出批评意见或者被要求表达你对于某些事物的观点时,都是需要倾听的。如果你想了解某个人,那这一点就没那么有用了。你心中已经有的想法不会帮助你了解别人,因为这些想法是和你有关的,是你的感受。说出这些想法可以帮助你更好地理解你自己,但是这样往往并不能增加你对他人的了解。

建设性的倾听

当沟通难以进行下去的时候,这是一种最有帮助的倾听方式。它要求你努力理解说话人的话对于说话人有什么意义,而不是考虑对你有什么意义。这种理解能够有效地增强你的沟通能力。建设性的倾听并不意味着整个过程你都是闭着嘴不说话!你可以通过营造一种让别人更爱说的

第四章 与孩子共同生活的相处之道

气氛来参与沟通活动。

你可以通过重复、提炼和回应来实现。

重复

这意味着你用自己的话重复别人说过的内容,不要掺杂你自己的想法或判断。这是一个最好的表现你对他们感兴趣并尽力了解他们的方法。这也能让你的精力更集中在别人所说的内容上而不是你对事情的判断上。你可以设想你举着一面对着别人的镜子,这样他们说的话就会反射给他们。例如,"那么你所说的是……","让我理解一下你正在……","事情是这样……","你的意思是……"。

提炼

提炼就是获得足够多的你所需要的资料来理解。你可以这么做:

提问

最有用的提问是能鼓励别人继续谈话的问题,通常这些问题都是像这样开始的:"你觉得……如何?""当……时你做了什么?"避免问能用一个词或者短语回答的问题,像"你生气了吗"和"你迟到了吗",这些问题容易中断谈话。另外一些需要避免的问题是那些显而易见的,被称作引导性的问题,"难道你不应该……"就是一个很好的例子。

说出你观察到的

不要问一些引导性的问题,说一些像"你看起来很心烦"和"你看起来想打架似的"之类的问题。

发出邀请

如果你的孩子需要一些帮助才能说出他们想要什么,你可以温和地邀请他们谈话。"你想谈谈这个吗","我想听听关于这件事情你有什么看法",或"如果你愿意可以告诉我更多"。如果他们不会表达或者尴尬,邀请他们继续,如"请继续"和"我非常感兴趣"。

回应

如何回应你所听到的和理解的,在建设性倾听中是一个重要的因素。心里牢记在这种倾听中要对听到的话不加判断的理念,你做出的反应的目标是:

考察你的直觉:

"听着你的话,我在想你是不是感到……"

帮助你的孩子更多地理解他(她)所说的话的作用:

"我真的很高兴你决定和我谈论这些。"

第四章 与孩子共同生活的相处之道

纠正错误:

"从你所说的话中我能意识到你认为我不关心你的事情,我想让你知道不是真的那样。"

诚实并具有支持性

诚实不意味着残酷,"我感觉你有什么事情没有告诉我"比"你在撒谎"更让孩子感受到被支持。

对孩子产生共感

对孩子的话背后隐藏的东西了解得越多,你就越能对他们产生共感(Empathy)。共感和同情不是一码事。你不必喜欢或认同孩子所做的每一件事情,但是如果你能接受那些他们按照他们自己的逻辑去做的事情,那你就会发现你对他们的建设性回应变得更容易了。共感意味着明确地认识到无论是在身体上还是在精神上,每一个人都面临要努力活下去的任务,即使是最不顾他人感受、最蛮横的、暴力的行为也是他们自我保护或者防御的战略而已。共感的倾听意味着愿意问自己"你这样做是有什么原因吗",而不是"这样做就是不能接受"。

避免做出错误的判断

如果你太快做出判断,你会冒以下的危险:

——因为你的判断被证明是错误的而被反驳。

——因为你不同意孩子的观点,他(她)的任何可能有价值的东西你都不认同。

——因为你不能理解他（她），这样会把你的孩子从你身边赶开。

——失去重要的信息。

这里有一个练习你可以做一做。选择你和孩子最近一次为解决问题而进行的谈话，在大脑中回想一遍或者写下来，尽可能多地记下孩子说过或者做过的事情，就像你写一本关于你和你生活的书中的一章一样。现在重写这次谈话，这次设想这本书是你孩子写的。把你放到他们的思维框架中，并且设想从他们的视角看事情会是怎样进展的。

同样，一段建设性的谈话将使气氛变得足够明朗，问题仍然存在，第三条准则会起作用。

协　　商

要和谐地共同生活就意味着要接受一种理念：每一个人都不是一成不变的，每个人都在追求一系列满足自我的需要，因此人与人之间能够并且愿意进行协商是很重要的。每个人的需要不同，所以常常有所冲突是不可避免的。例如，你希望孩子接纳你的需要，这可能会和孩子对独立的需求相冲突；孩子对隐私的需要可能和父母的关心相冲突等等。为了共同生活在一起，这就必须进行协商，然后使每个人至少在一定程度上满足自己的需要。

对冲突的态度将决定你会怎么处理冲突。如果你意识到你是被动的,那么你无论如何也会与他人保持一致。如果你倾向于主动,那么不顾一切地获胜就是你的目标。哪一种选择你都可能得不偿失。

这里有一些想法可以帮助你在两种选择中找到平衡,最终得到一个公正一致的结果。

时间

处理问题的最好时间是现在。当你被激怒时,最好的方法就是不要压抑你的不满,把你的愤怒表达出来。如果你有几件事情想和你的孩子协商,那么安排一些时间,这样他们就能理解你的想法了。

做点准备

这是独立的一步。请你自问:"我真的生气了吗?或者我只是被激怒了?""究竟不喜欢的是正在做的事情还是没有做的事情呢?""我究竟想怎样?""真的值得对抗吗?""我的感受与实际情况符合吗?"

表明你的立场

当你和孩子坐在一起的时候，遵守下面的沟通原则。开始要把问题陈述清楚，说出你不喜欢他（她）做什么或者不做什么。简单、清晰、直接地表达，说事实，不要责怪他们，也不要加入你的感觉，目的是描述清楚你看到的问题。

第二步，使用第一人称描述你的感受——生气、受伤、失望、拒绝等等，包括你意识到的任何其他的感觉，像"我感到被拒绝所以这么愤怒"。不要说出任何把你的感觉强加给他（她）的话，例如："你让我如此愤怒……""我不明白你怎么能明知道这会让我……你还会那样做。"

表达你的期望

清楚地提出你希望他们怎么做，而不是说你不希望怎么做。准确地提出可能做到的那些事情。例如，应说"当我说该吃晚饭了，我希望你能立刻来吃"，而不是说"我希望你能更体贴"或者"我不想你吃饭时迟迟不来"。

简单描述事情的结果

如果孩子愿意按照你的要求做出改变，向他（她）描述一下会产生的结果，这些结果要可行、经济、充满情感、自然。你也可以说出如果没有什么改变你会有的感受和处理方法，但是不要做出虚假的恐吓或者说一些夸张的结果。如果那样做,你会失信于孩子。

了解孩子的想法

现在让你的孩子来说。如果必要,给他(她)一些鼓励:"我想听听你的想法"或者"你是怎么想的"。一定要遵守建设性倾听的规则。你会得到下面的反应:

是的,我会那样做。(如果是这样的反应,一定要说出一些感激的话,你表达的赞同越多,那么情况将越容易继续。)

只有……我才会那样做。(如果这是你得到的反应,不要放弃。这只意味着你要和孩子做更多的沟通。尽力想想是什么使孩子还是心怀敌意或者不和你合作。)

不,我不会那么做,但是我会这么做。(你可以判断一下你们的沟通是否合理,如果不合理,提出你自己的建议。)

我不知道该怎么办。(如果是这种反应,给他或她一段时间去思考,到时间后再提出这个问题。例如:"好,我明白你需要一些时间去思考,我想在今晚10点之前得到答案。")

与孩子达成一致

　　成功地进行协商，最后达成一致，这能提供相互理解的基础。在任何关系中，人人都希望别人的行为方式能够表现出对自己的尊重和接纳。如果你想得到他人的尊重，而沟通的原则却没有人说出来，那么沟通也会变得很困难。坚持沟通的原则，可以确保双方都能认同彼此的需要。如果双方的需要有很大的差异，那么就去协商达成某种程度的一致。你们双方达到的一致要清楚明白，这是很重要的，并且对此你们之间要有相同的理解。如果害怕忘记，可以把达成一致的想法写下来。

　　和谐地生活在一起意味着清楚地了解你的权利和义务，你能够并且愿意和他们谈话，如果和你共同生活的人有不同的需要，那就要相互协商。这一章的目的就是要帮助你做到这些。

第五章 关心自己

和一个很难相处的孩子生活在一起可能会完全占用你的时间,如果你不太细心,那你很可能会理所当然地认为这就是为人父母该做的事情。

这一章是有关如何关心你自己的,尽管在为人父母的同时也会遇到许多困难,但是通过找寻自我,你可以享受自己的生活。这种说法听起来像是有点自私,不要被这种想法所影响。把自己放在首位并不是要剥夺你对周围人和你爱的人的关注。它的意义是保证平衡。你自己生活得越快乐,你就越不需要依赖他人,包括你的孩子。你会认为自己的感情是有价值的。一旦你按照这种思维方式开放自己,你会发现实际上清楚明白的沟通以及通过协商来达成一致变得容易多了。

快乐的意义在哪里？

假设你正在编一本词典，你如何定义快乐？

花一点时间先通读下面的内容，然后完成这些句子：
当_____时，我感到快乐。
当_____时，我感到快乐。
当_____时，我感到快乐。
尽可能多填一些，事情无论大小都可以写上。

想一想，目前你寻找快乐的方式是依赖一些外力的情况，如他人、一些事情或不同的环境。当然，这些可以起到一定的作用，但你也可以寻找一些内在的资源来获得快乐的感觉。内在的资源更加可以依赖，因为它们总在你身上。仔细回想一下在你头脑中可能阻碍你的脚本，例如，你是不是认为如果你不先让他人快乐你就没有权利快乐呢？你可能需要增强自尊，这样你就可以教会自己如何寻找快乐，而不需要依赖他人为你带来快乐。

我们允许自己有多快乐在很大程度上取决于早年形成的一些生活脚本。我们被抚养的方式对生活脚本有重要的影响。你希望父母曾经告诉你怎样才能多做一些事情，或者希望他们能更多地倾听你，或者当你表达感情的时候能

关心自己 第五章

接纳你。通过按照本书中所说的去做，你会看到你已经继承了父母的一些想法，它们的确不利于你成为一个快乐的父母。

为了增强你的父母权威，你可能必须改变现在对待孩子的方式，也就是说改变你的思维方式、你的感受，或是你对待他们的方式。你可能只需做出一个相对小的转变就可能发生非常巨大的变化。

欣然改变

可能你已经意识到需要做出改变，但你可能会感到害怕和担心。改变之所以令人恐惧是因为我们预测到一些事情会发生。在一般情况下，我们会这样想。但我们要确定的是当事情发生变化时接下来会发生什么。有时候周围的一切不发生变化，我们才会更有安全感。即使现存的一切让我们感觉不舒服，也比存在一些未知的风险给人的感觉好。对父母来说，青春期是孩子变化的重要时期。这期间，孩子告别童年，即将步入成年，这不只意味着孩子身份的改变，对父母来说也是如此。你不需要再在心里默念："我要为孩子的一切负责。"过去的确需要这样，但现在就不是这样了。孩子同样也不需要你再像对待小孩子那样对待他们了。留意一下自己听到这种说法的反应。你是否意识到这对你来说也是一个机遇和挑战呢？它会让你进入一个新的生活阶段，或许还会出现一段感到空虚或缺乏目标的时间。

我们被监控了！

一起来看一个有效阻止改变的反应模式：

1. 一个大胆的想法。可能或大或小，这个想法可能与你是怎样的人或者你想做的事情有关，如染头发，拜访一位朋友，放弃工作。

2. 这些想法出现了。你会感觉自己大不一样了。你会开始有些激动，但这激动的感觉被恐惧和受到威胁的感觉压抑了。这好比在你内心深处有一个检察官，他正在监控你的想法是否会发生动摇，同时阻止它们发展成为令人担忧的、更严重的事情。

3. 这样，就会出现你不能或不应该按自己想法行事的理由，"我不能……是因为……"，"我没有时间"，"有人不喜欢我这样做"，"这样很破费"。

4. 这些理由看起来是符合逻辑的，因此一些大胆的想法可能会一闪即逝。你的"检察官"会再次获得安全感。当然，有时候这种想法真会有一定的危险性，但如果这些危险被夸大或根本不存在的话，就会妨碍你做出改变，而这种改变会带给你更多的快乐。

5. 如果这些想法让你最终产生挫败感和愤怒情绪的话，你又会开始抱怨那些支持你不去改变的那些理由。因此，你会对那些表面上与你合作的人感到非常气愤，或者你也会对自己必须扮演的角色感到困惑，感觉自己很压抑、焦虑，而且还有负罪感。我的观点是，实际上这些情感掩盖了你的悲伤，而悲伤是由于你不能按照自己所想的方式做出改变而引起的。挫败感、愤怒常常侵袭你，它们已经是你生活中的一部分了，你很害怕改变，正是这一点，让你感觉"安全"。

内心之舞？

以下是一种内心的活动，它如同舞蹈，那是心灵的舞蹈，我们可以从中看到一些内心活动的模式和步骤。

第一步：我想成为一个自由的人。

第二步：可是，那样的话可能会有风险，因为我知道最终的结果是什么。

第三步：我能找到一些不这样做的理由，这样就可以让自己免受风险的折磨了。

第四步：我知道，现在我不能这样做——因此我又感到安全了。

第五步：现在，那些找出的理由让我感到气愤。

至此，心灵的舞蹈结束了，但随时又可能会再产生。

如果你对此很熟悉，而且感到不满，那就让自己学习拥有一些新的思维方法吧！

第一步：坐下来，给自己一些时间作为礼物，例如一个小时，利用这段时间，你可以什么都不做，尽情享受。然后，把你想做的事情列出一个清单来，例如，泡个澡，听收音机，去公园散步，给一个朋友打电话，读一本书，到花园里干点活或者把脚翘起来什么都不做，画一幅画，只要是你想做的事情都行，只要它能让你实现自己的想法就可以了。

第二步：从你列出的条目中选取一个，并决定你需要做哪些准备。

第三步：做一些准备，这样当你决定要开始的时候，一切都准备就绪了。例如，如果你想画画，你就要保证手头有颜料和画笔。

第四步：确定一下什么时候给自己这样的时间。你可以定在下一次你与孩子发生激烈冲突的时候，通过给自己这样的时间来关心一下自己。

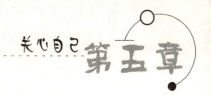

第五步：开始做。

这里有一位家长采用这种方法的一个例子。

大卫大学毕业后一直没有找工作。大卫的父亲为此非常苦恼，已经有些无法忍受了。一次，父亲看到大卫正躺在沙发上看电视，顿时火冒三丈，但他还是急忙转过身，然后去高尔夫俱乐部上课去了。去后的前几分钟，他心头涌动着阵阵负罪感，他认为他还应该管大卫，但他决定不再被这样控制了。那以后，那些负罪感以及其他的情感就随之消失了，他继续享受着高尔夫比赛带来的快乐。

当然这种做法本身不会解决任何问题，但大卫的父亲已经学会让自己的感觉更好一些而不是更差。大卫也渐渐明白他不能控制父母的情绪了。

为自己寻找真正的朋友

如果照此来改变对待孩子的方式会让你感到沮丧，那么或许一个好朋友可以帮你度过最难熬的时光。如果没有好朋友，不要担心，因为你可以自己创造出一个最好的朋友。

练习

这里有一个练习帮你确定你需要什么样的帮助,给自己留出一些时间,找个地方放松一下。坐下来想想你遇到的与孩子之间的问题。拿出一张纸、彩笔或颜料,画一幅卡通画来表现你对所发生事情的态度。把你和孩子都画出来,不要担心你的绘画能力,这幅画的意义不在于娱乐,而在于让你通过这幅画来思考一些问题。如果这样还是无济于事,那就有必要做一些不一样的事情了。

仔细看这幅画,并在上面加一些话,然后用卡通式的风格,将画中的你和一个大胆的想法连起来,并在上面写上一些特定事情发生时你的所思所感。

例如:"你必须更加努力理解他(她)。""你必须傻一点。""你做父母不成功。""几年前如果和现在的做法不同的话,现在就不会遇到这样的问题了。""他(她)应该按照我希望的那样去做。"回想一下,你对自己说的这些话你曾听到父母也这样对你说过吗?无论这些想法产生的原因是什么,这样的想法都不会有多大的用处。当我们听到这些时,只会感到困惑和抑郁,就好像身边有一个严厉的父母在评判我们的行为是否正确,在洞察我们的需要。

现在想象自己处在这种情境里,想想有人在你身边,

第五章 关心自己

这个人了解你、喜欢你、绝对和你站在一边。这个人将会成为你非常亲密的朋友。拿出一张空白的纸，把你想从这个充满智慧的人那里想听到的话写下来，你可以按照自己喜欢的方式来想象这个人，或许他很像你已经认识的

某个人，也或许他在这个世界上根本就不存在。也许，一个智慧老鹰正停在你的肩头，或一个毛绒狗正依偎在你身旁，无论你想到的这个人是什么样的，这个充满智慧的人都可以成为你的一个真正的朋友。他会随时出现来帮助你。这里有一些其他人的例子，他们得到了帮助，听到的不再是那些老生常谈的批评式的语言。

"你有一些充分的理由来继续做你正在做的事情，因此你不必因担心而放弃原来的想法。"

"你有权拥有隐私，完全有权要求自己拥有这项权利。"

"你是一个关心孩子的好父母。"

"你已经犯了一个错误，但这不至于让你变成一个坏人，现在让我们想一个最好的解决办法。"

"对你来说应付起来有些困难，但你可以用最佳的方法来处理和应对。"

一般来说,在生活中,当一个人有所成就时,周围的人会向他表示祝贺。人们会前来拍拍他的背,和他握握手。这些对你来说可能都具有积极的意义。无论你何时需要安慰,你最好的朋友一定会在你身边给你安慰,特别是当你发现自己又陷入一种老习惯,相信坚守自己的想法才是最好的方法时。

自言自语(self-talk)

最后一个练习是介绍"自言自语",这可能看起来有一些奇怪。有时自言自语好像有点发疯!但是,如你我所看到的一样,在心里自言自语的确能对我们的所感所为产生重要的影响,如自尊的问题。

你会告诉自己自尊和自负是同一回事吗?或者你会感到自己的成功是有价值的吗?如果的确如此,那你就是在给自己错误的概念。当你感受到自己存在的权利,你会产生强大、安全的感觉,自尊就来源于此。

想象一下你站起来,用粉笔围绕你的双脚画一个圈,告诉自己你绝对拥有占据这个空间的权利。你不必赢得它,也不是谁把它当做特权授予你,这块空间属于你,就是因为你站在这里。你当然也无权占有他人的空间,但你自己的空间是你的,这正是自尊的真谛。

让自己慢慢养成一种习惯:有意识地进行积极的自言

自语。例如，如果你准备要质问某人，请不要对自己说"我不得不这样"，而要对自己说"我愿意这样"。

以下是其他更多的例子：

积极的自言自语	消极的自言自语
我得做点什么呢？ 我以前处理过类似的事情。 一次只解决一个问题，我能应付。 这次我会做得更好，我有进步。	我要做那么多事情。 我很担心，这会很难。 如果不小心点，事情会很难办。 我做不好。

请关注内心的感受

积极的自言自语能够调节焦虑，控制愤怒。处于青春期的孩子非常了解怎么做会让父母生气，而一旦父母发怒了，要保持镇定就很困难了。

为可能引起你愤怒情绪的情境做好准备，你可以告诉自己："我该怎么做呢？""我想获得什么？"在你心里要有一些有用的话，例如："这件事情可能让我感到不安，但是我知道应对它的方法。""我试着不把它想得那么严

重。""这并不是战争,我不需要战斗。""放松一点,我要保持一点幽默感。"这里有一些你在生气时对你有帮助的自言自语:

积极的自言自语	消极的自言自语
从这件事情中我需要得到什么?	这一次我必须赢。
我要试着不把它看得太严重。	灾难来临了。
怎么做才能让我们两个都有道理?	是他(她)错了。
我不必证明我自己。	我不能让他(她)赢。
我不会自己一个人承担所有的责任。	他(她)不喜欢我。

举一个例子,孩子因为你不满足他们的愿望而大声指责你,你怒气冲天,这时可以对自己说:"我很气愤,因为其中可能有些事情我不了解,所以我要听听。"或者:"我很紧张,需要放松,做做深呼吸。"

有时候最好是在做出反应之前先消消气。花时间放松一下,这样更能控制自己,并不太可能卷入本来就没有输赢结果的斗争中。

年轻人很清楚他们不可能在与成人的争论中取胜,因为他们自己没有能力与父母长时间争论。所以,他们会用侮辱性的言语和愤怒表达自己,这些都有害无利,并且如果我们毫无心理准备,处于非理性状态时,那就很容易受情感左右。这个时候对自己说:"我要平静一些,因为这

关心自己 第五章

样才能让我控制局面。"还可以对自己说的另一些有用的话是："我不必证明我自己"，"我不想起冲突"，"无论他（她）说什么我都不必信，我比他（她）更了解自己"。

摆脱坏情绪

为什么接纳对我们如此重要？在你的生活中是否发生过以下的事情：没有人记得你的生日？别人只关注你表面上的一些东西而事实上却忽视你？你说了一个笑话而没有人发笑？晚会上唯一一个没有被邀请的人就是你？这些都是一些典型的引发"恐惧按钮"的事件。如果你是一个低自尊的人，那么这些事情中的任何一件发生的时候都会带给你被拒绝和孤独的感受。关心并照顾自己意味着当这些"恐惧按钮"事件发生时，你还能调节内心的被拒绝的感受。

当你生活中重要的人不接纳你或你做的事情时，让你创造的"最好的朋友"来时时提醒你：有人给你支持。

从不同的角度看问题

用另一个角度来看待事情会让你得出不同的看法，然后改变你的反应方式。

练习

舒服地坐下来，闭上你的眼睛。想想你的孩子就在面前。仔细地想象他（她）的表情、姿势、衣着等等。现在，在心里默默地与他（她）对话。说说你的希望，如果你很快就无话可说了，那也不要停下来，好好想想，然后补充。

当你确信已经说得足够多了，再告诉孩子你讨厌的是什么。同样，也不要只说一两样就不说了。具体地说出你不喜欢的每一件事情，包括那些过去不想说的一些事情。

当你说得差不多的时候，告诉孩子你对他（她）的期望以及你的需要。

现在想象五年过去了。说说你所设想的五年之后你与孩子之间的关系状况：你们彼此的感受是什么？当时的情况是什么样的？或者你希望情况如何？

现在给你的孩子写一封信，说明你目前的想法和情绪，并把你的需要告诉他（她）。

当你关注自己的想法和情感后，你会发现你开始对事情有了不同的看法。例如，你是否一直只想着你不希望发

第五章 关心自己

生的事情？当你沉浸在一些消极的想法中时，你会很容易忘记一些有积极意义的事情吗？是不是有些事情不想说出来但它们的确令你不安？如果是这样的话，是什么让你无法说出呢？你很了解你的期望和需要吗？如果不了解，又是什么让你不去了解呢？对于五年后事情的变化你是怎么想的？

你可以继续给孩子写信或者和他（她）谈话。即使你无法做到，你也会发现你的情绪在做完这个练习之后发生了改变。

轻轻拍拍你的背

困难型青少年常常拒绝父母。首先，他们很善于按"恐惧按钮"，特别是他们觉得你会有妥协的时候。这样就很容易看不清事实，因为孩子不喜欢你的所为并不意味着他们不再爱你了或者你是一个不好的人。

当你面临一个难以应付的情境时，或者当你感觉情绪低落时，请你通过奖励自己来提高自尊。记住，你现在有一个"最好的朋友"，你有权在需要的时候让他拍拍你的背。

保持平静

另一种关心自己的方法就是培养放松的能力，甚至是在非常激动的时候。当受到威胁时,我们的身体有固定的程序会发生一些自动的反应。你可能会注意到,当你预想或真正处于一种艰难的对峙状态时,你的呼吸会发生变化,你会非常紧张,你感觉心里七上八下的,手开始出冷汗,心跳加速。这些迹象都说明你的身体本身已做好了准备要远离危险或与危险作战。这种反应叫做"战时反应",它可以追溯到远古时代,那时,我们的祖辈在危险情境下也经历过这样的情景。

问题在于尽管这是在石器时代最好的应对危险的方式,但是在现在这个时代并不一定有好处。当孩子变得很难对付或匆忙逃跑,你可能会把孩子打倒在地,也可能想要理性地解决问题。如果你的身体和心理做出战/逃的反应,那么做到理性并不容易。如果你处于极度愤怒和恐惧时,要保持冷静也实在很难。

如何放松

学会在压力状态之前、之中、之后放松,会让你处于良好的状态。我们通过练习来给你介绍一些方法。运用这些方法的指导是非常具体的,一旦你学会后,就可以对这些方法进行适合自己的改变或调整。学的时候一定要每天练习一次到两次,每次 15~20 分钟。你可以躺在床上放松,舒服地坐在椅子或地上,但必须要记住,你的目的是学会放松,而不是让你舒服得最后睡着了。如果每次都发现练习时睡着了,那么或许你不该让自己太舒适了。

如果你利用床或地板来放松自己,那么开始就要躺在一个舒服的位置。关照身体的每一个部分。如果你躺在地板上,请将头靠在书上或一个垫子上,腿和脚分开,脚踝向外,胳膊轻轻离开身体。如果你坐在椅子上,请舒服地坐下来,把腿轻轻向上抬,双脚踩在地上;将胳膊松弛地放在椅子的扶手上,手心向下,指尖轻轻分开;可能的话,脱掉鞋子,解开衣服。练习均在饭后一个小时左右开始。

很明显,看书时很难做这个练习。因此建议在练习前先通读这段内容。也可以录音,然后放给自己听,或者当你要开始时,让一个朋友读给你听。

这种方法是把呼吸作为放松的焦点。闭上眼睛,有意识地开始放松,注意你的呼吸。深深吸气,这样容易吸入足够的空气,充满肺部。

按顺序来关注身体的每一部分。当你将意识放在身体的每一部分时,你会发现肌肉要么紧张要么放松。如果你感觉紧张，那就放松。你可以安全地放松下来，因为你的整个身体都被关注到了。

开始放松你的手指，这样手指就可以自由地弯曲与分开了。感受手的紧张之后，放松一下，让放松感慢慢向上移到胳膊。每当呼气时，想象你的胳膊越来越重，放在床上或椅子上。

将注意力转向脖子和肩膀，你可能会像许多人一样也感觉到脖子和肩膀处的紧张感。放松脖子和肩膀，想象紧张感流入椅子或地上，当脖子放松的时候，头会越来越重，好像压在床上或椅子上，当呼气时，紧张就已经跑掉了。

接下来，想想你的脸，额头和下巴的肌肉可能会特别紧张，放松一下。也放松舌头，张开嘴，活动一下面部。

现在想想胸、胃和背。每当呼气时，感觉自己放松了，就好像要融化在椅子或床上。

放松臀部、大腿、小腿。把腿分开，你越放松，脚和腿会感觉越重。

当放松了身体的每一部分后，做做深呼吸，放松，你可以随意想什么，不要头脑里什么都不想，但不要太过于关注。

仔细感受你的身体感觉，如果你又感受到了紧张，那么再呼气。

你可以按照这样的顺序重复做几次。刚开始的时候，

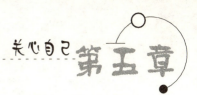

你可能会有浪费时间的感觉,但不要因此停下来,要一直做下去。善于放松会让你在面对压力时受益匪浅。

什么时候可以放松?

有许多证据表明放松可以缓解人的压力。因此如果生活中处处充满压力,你就能从平时的放松训练中获益。

快速放松

当你学会放松的方法并习惯于深度的放松状态,你就可以开始运用快速放松。时间可以定在一天中没有压力感的时候,也可以在压力情境出现之前、之中或之后进行。例如:

——孩子回家晚了,你听见他(她)开门的声音。

——你接听电话听到:"妈妈,我撞车了。"

——你打扫房间时发现孩子吸毒的证据。

——你打开钱包,发现钱不翼而飞了,你怀疑可能是孩子拿走的。

——你和孩子大吵了一架,最后他(她)向你扔东西。

快速放松法是这样做的。首先,如果可能的话,坐在椅子上，直挺着背，胳膊放在扶手上，就放在膝盖上或随意垂放，双脚踏在地上，头部保持在平衡舒服的位置。

尽可能地放松。开始吸气，立刻让身体的所有肌肉紧张起来，让紧张保持一会，然后放松呼气。当呼气时心里默默重复"放松"，你需要重复几次，直到感觉放松后再停下来。

你这样做就会体验到能够随意地放松下来，如果没有椅子扶手，也可以站着来进行，这样放松身体的许多部分是很不错的。当你乘火车、公交车、小汽车时，路上堵车时，等着别人回答问题时，打电话时，都可以运用这种方法。

即使没有完全放松，你也能完全控制身体，减少"战-逃"反应。你会有一种更平和的心态，而且思维能保持清晰状态。

心理上放松

放松是一种非常有效的应对压力引起生理反应的方法。如果你想寻求长久的效果，要考虑学会冥想（meditation）。过去，冥想与宗教或精神发展相联系，目前它被认为是一种减轻压力的有效方法。从本质上讲，它是一种心理放松的方法，它有许多种形式，比如身体放松。所有的方法都有它的价值，它们百利而无一害，但要及时

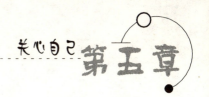

找到适合你的放松方法。

适合你吗?

如果感觉冥想并不适合你,可以用其他的方法来放松。读一本好书,听自己喜欢的音乐,看自己喜欢的画,这些都可以让你的心灵恢复宁静。当你再次想起令人担心的事情,你又会重振精神,然后比以前愿意面对问题。大笑也是一种释放紧张的好方法。因此试着做一些可以让自己大笑的事情,不要认为生活中有一些难以解决的问题就必须总是悲悲切切的。大笑的治疗效果众所周知,因此保持并发挥出你的幽默感很重要。

好好照顾自己

洗澡是最容易做到的放松方式之一。但躺在浴盆中温暖的水里,要达到放松效果,还需要一些治疗经验。浴室要尽可能装修成一个放松的环境,如果灯光太强可以用蜡烛。你可以用一些你自己喜欢的东西,如草药、浴盐、油。留出一段时间,也许是半个小时。如果家里还有其他人在,那就告诉他们暂时不要打扰你。慢慢享受这个放松的过程，仔细体味。拿一本书来看或听听收音机，或者就只是躺着，闭上眼睛冥想。

洗澡后你做的事情与洗澡本身同样重要。如果房间足够温暖，你可以不穿衣服直接出来，平躺在地上，继续放松一会儿。穿衣服时，有意识地慢慢穿。记住，要充分利用这段时间来放松。

从脚开始

如果不能洗澡，那么试试足浴。在热水中放一些草药，最好放一个小药包，因为这样不会在脚趾缝中留下药渣，5~10分钟就足以让你神清气爽。一些人认为人体的脚上有许多控制身体部位的穴位，或许这正是足浴能让你全身放松的真正原因。

轻抚身体

按摩推拿是最古老的治疗方法之一，许多专家用它来治疗病人的身体疾病，然而它也是一种让人感到被关爱的极好方法。被温柔地抚摸和拍打能提高人的自尊感，这确实有点让人吃惊。如果你能负担得起，那可以考虑去上上课或者接受一次专业的推拿按摩。

如果推拿按摩后你感到紧张减少了，放松了，那么钱就花得值了。

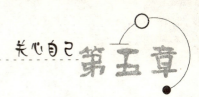

关心自己 第五章

专业推拿按摩使你感到有人在关爱你。找朋友或伴侣为你按摩脖子和肩膀,按摩时滴上几滴油。

如果你身边没有这样的人,你也可以自己做。通过按摩自己的身体,你感到自己很重要,是值得被关爱的。你也必须想着那些自己够不着的地方,以后接着按摩推拿。

动起来

或许目前为止给你的建议都太被动。如果你身体不适,那可能就不能解决你面临的问题。锻炼的好处就是可以帮你不再想着那些内心的斗争和挣扎,而且你会感觉很舒服。

锻炼未必就会让你感觉劳累。因此忘记那些烦恼的事情,最好能慢慢开始锻炼,你可以选择你喜欢的锻炼项目,按照你喜欢的方式来做,记住,你锻炼的目的是关心自己而不是把自己折磨得筋疲力尽。如果你已经过了30岁,那就不要做太长时间的锻炼,锻炼之前最好能征求一下医生的建议,锻炼时可能要面对一些必须要注意的危险情况。

总 结

这一章的目的是告诉你:关心自己是亲子关系中的重

要部分。

首先，因为一个好父母是想让自己的孩子能够独立并为自己的生活负责。通过自己这样做，可以向他们示范，这是一个教会他们的好方法。第二，因为十几岁的孩子能够意识到他们不能控制你，他（她）的行为一定会改变。第三，养育孩子是一种不能依靠买到一些资源来做好的工作，主要的工具是你自己——身和心，因此让它们处于最佳状态非常重要。第四，也是最重要的一点，你要更加快乐。

合作与分享

这一章的大部分内容是有关你一个人去尝试一些不同的思维和行为方式，但不要理解为你只能依靠自己做所有的事情，关心自己的一个非常好的方法就是和他人分享，想想你的朋友和你想找的人，让他们和你讨论并实施一些新的行为。

或许你的朋友和你一样也有类似的问题，如果是这样，那就花一些时间和他们分享你的经验；有一句古话说得好，"痛苦和人分享，痛苦就少了一半"。当然你不想成为一个让人厌烦的人，去说一些毫无意义的事情。另一方面，不要拒绝他人可以给你的帮助。

如果你需要一个更正式的安排，那就请在你的所在地

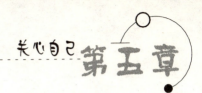

寻找一个自我帮助团体。在许多地方,许多父母会因为面临相同的问题而聚在一起,如孩子吸毒。这些团体有团体领导,并定期会面。

如果决定要在生活中表现得更坚定,那么你可以参加许多自我确定和自我发展的团体课程。在那里你能全方位地学习沟通的技能和策略,这些方法会让你保持稳定的人际关系并与人保持良好的沟通。

你也可能需要一些更长时间的个体指导,如心理咨询。咨询师会帮你找到问题的原因并发掘问题的结果,然后帮助你找到改变行为的方法,并让你尝试做出行为的改变。这个过程是在安全的、有益的氛围中进行的。

无论你做出什么决定,无论你是独自还是和他人一起,现在就开始吧!不要忘了拍拍自己的背。

第六章 与孩子直接沟通

可能会存在一个误区：一些人会认为本书反映的是那些看起来就基本能简单轻松解决的人类问题。这可以使你我都相信，所有需要做的就是改变思维和行为方式，然后一切就万事大吉了。但我知道，很多事情并不总是那样简单。我和一些为人父母的同事一起工作了多年，他们尝试和试验了本书里介绍的许多方法和建议，因此我知道许多时候这些确实是有效的。但它们毕竟不是万能的。有些情况是非常复杂的，解决起来困难太大，不论你多么果断，多么有决心，问题在很大程度上仍然没有解决。

接下来的三章内容是关于运用逐渐增大的父母权威去解决那些你曾经竭尽全力也没有解决的问题。本章的重点是，孩子不太情愿尊重你的权利时，你该如何应对。

如果你一直非常系统地读这本书，目前你会意识到：

- 你不必为孩子的生活以及他们所做的决定负全责。
- 你对孩子做出的一些反应源于你自己对世界的认识

和观察经验，可能它们已经不适合当前的现实了。

- 对你来说，合理的做法就是谋求与孩子建立一种朋友式的关系，把他（她）当做一个你很关心、很看重的朋友，而不是把他（她）当做你支配的私人物品。

- 你是一个值得被关爱的重要的人。

- 你可以学着去沟通，这样你就不容易引发或增加孩子的问题行为，你自己也不容易产生类似的行为。

- 你可以控制你的反应，你可以在问题难以解决时保持镇定。

- 即使你的孩子不与你合作，你也要相信自己的价值。

但是，正如我指出的，这些都不是万能的，你仍然可能还会遇到问题。也许你的孩子不理解（或者是不想理解）你和他们同样拥有自己的权利，所以在本章我们将重点讲述如何直接与孩子沟通，以及当其他的解决方法都失败时怎样维护你的权利。

当你的孩子非常明显地表现出根本不顾及你的权利时，就有必要直接沟通，例如：

——很少做家务。

——不及时或不自觉上交已经定好要交的生活费。

——电话费暴涨。

——未经请示就借用你的东西。

——未经允许就喝父母的酒,而且还不放归原处。

——未经允许就开你的车,用后也不加油,而且还希望需要就随时能开走。

——把家里弄得一团糟,或者堆满了东西。

——违反双方的约定。

我希望你还能列出更多类似的事情。

在你开始做之前,要试着弄明白目前为止是什么让你不能有效地处理这些事情。在与你孩子开始直接谈话之前,或许你需要与自己先做一个直接的沟通。例如,你是否无论花多大的代价也要回避冲突,或者不想被认为是不通情达理的父母,因而感到自己有责任提供孩子想要的一切?当你自己被忽略时,你是否还是为了努力做好而心情低落呢?你是否用了"我必须通过控制你来证明我是一位尽责的家长"的方式,但遭到了反抗?无论是什么让你无法达成愿望,记住本书的上一章所说的:你的父母权威的一部分是你有能力管理自己并帮助自己跨过任何障碍。

以父母权威的方式来解决问题并不是说这种方法多么神奇,事实上它是不能在短期内就产生效果的。你要有耐心、有毅力,也许还需要一些勇气——如果你坚持自己的

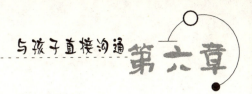

立场，那最后孩子就不会再忽视你。

我们一起来看一个案例，然后你自己决定如何把这种方法最好地应用到你的生活中。请站在大卫父母的立场上来考虑问题。

大卫，14 岁，他常常习惯不经父母同意就把朋友带回家，父母非常生气，因为他们经常发现客厅和主卧室里挤满了一群吵闹的孩子。更让他们生气的是这群孩子留下了用过的脏杯子和烟灰缸以及一堆乱七八糟的东西。而大卫的妈妈必须在第二天把一切清理干净。

他们想和大卫谈谈这个问题，但直到现在他们也只是有一些象征性的抱怨之辞。他们希望大卫感觉呆在家里很舒服，而不愿大卫认为他们是严厉的并不关心他的父母。但是由于大卫已经一周没有遵守他们达成的约定，所以他们决定用更有效的方法来解决这个问题。他们很清楚，他们的希望是客厅被占用之前要征求父母的意见（尤其是大卫有自己的房间），以及在用过房间之后大卫要坚持负责打扫卫生，这都是合情合理的。

第一阶段：弄清事实

这一阶段的关键是要建立了解事实和保证公正的基础，这非常重要。因为有可能你认为这是一个问题，而孩子却没有真正意识到。父母与孩子之间的许多争吵都是"领地权"的问题，而你的孩子可能没有意识到整个房子实际上都不是他的地盘。你的目标是把这一情况向他说明，这样无论你的孩子如何反应，他都不能说不知道你们的希望。

你要和孩子谈谈，但在谈之前，先花一些时间来计划在什么时间、什么地点谈是可取的。在你们都正在气头上，或者刚刚吵了一架后去谈就不是一个好的选择，而应该选择一个你和孩子都觉得最放松的时候。如果那时你发现自己或孩子并不像你希望的那样放松时，那你也可以放弃这一次机会，再等另一个时机。

你要解释清楚的是：1. 发生了什么；2. 这件事情对你有什么影响；3. 你有什么希望；4. 你为什么有这样的希望。

当你在说发生了什么事情时，慎用"我发觉"或"当你……"这类词开始说话，然后只谈论行为，不要讨论孩子的人格或生活方式。你很容易说出"你太自私……"或"你似乎不考虑别人"这些话，这样的说法只会让孩子产生抵触情绪，这就是为什么只能讨论孩子行为的原因。可以这样来开始你们的谈话："大卫，我发现周三晚上你带朋友来家里的客厅，他们走后你就去睡觉了，留下了许多脏咖啡杯和烟灰缸，这种情况这个月已经有至少五次了。"注意这样说话你仅仅是很具体地谈了所发生的事情，避免说像"你总是"、"你从不"、"每次你都"这类概括性的话。

接下来，告诉孩子他们的所作所为对你有什么影响，所以后面的谈话应该以这样的一些词开始："我认为……感觉……相信"或者"这就是说我……"。在这一阶段不要责怪孩子，这非常重要。如果你说一些"你太让我生气了……"之类的话，那他们很可能会说一些"你生气那是你的问题"的话来反抗你。尽管这个回答让人气愤，但那确实是事实。你还记得在讨论坚定性那一章中提到的：你的孩子和所有的人一样也只对他们的行为负责——他们不能为你所做的事情负责，你对他们的反应是出于你对问题的理解。另一方面，他们知道他们的所作所为对你有什么样的影响非常重要，因为这是父母和子女平等的一部分。

回到我们的案例，"当我和你父亲回到家，我们感到家里被侵占了，我们只能呆在厨房里，我们感到气愤是因为你没有告诉我们你的朋友要来，而且你似乎根本没有考虑我们的需要，更让我生气的是早晨我发现了那些你认为应该由我来清理的脏杯子"。注意这些话并没有因为大卫的做法或你的感受而责备他。

现在,清楚明白地说出你希望有什么样的变化。以"我宁愿……"或"我希望……"的方式来说比较好,不要用"我想要"。因为那样说意味着没有商量的余地,而孩子听到后的反应是相信这不过是从你的立场出发想要控制他们的另一种方法。回到大卫这个例子上,说:"我更愿意你能提前让我们知道你邀请了朋友,看看我是否需要用客厅,如果那天我们在家,而且想待在客厅里,那么我希望你能在自己的房间里招待你的朋友,我也希望你能在睡觉之前把所有的杯子都洗了。"

有可能你想不出什么好的解决办法,这种情况下你可以说:"我非常想解决这件事情,所以我希望你能帮忙想一些办法。"诚实地看待自己力不能及的问题,你可以说"我知道我不能要求你这样做",或"我希望你能下决心戒烟,但我知道如果你选择继续吸烟,我是没有办法阻止你的"。

然后说你希望双方怎么合作,最终的结果是什么样的。你可以说:"因为我想我们能尽可能以平等的方式来共同使用房间。"如果能行而且你也同意的话,告诉孩子,如果他(她)愿意,你随时可以做到("如果你需要帮手,我很愿意帮忙。我会等你来跟我说")。如果他确实向你求助,那么你只做他(她)想要你做的事情。如果你想提出一些建议,那就先问问孩子是否愿意听,你可以说:"对于你怎么来做这件事情我有些想法,你愿意听听吗?"

最后表示相信孩子能做好,能自己做出正确的决定,你可以说:"肯定会有一个我们都满意的方法来解决问题。"

你可能会得到一个积极的反馈,也可能不会。如果反馈是积极的,那就为很好地处理了这件事情而鼓励自己吧。可能你的孩子真的是没有意识到他们的行为后果,而你能让他们知道行为的后果,同时又不至于挑起他们的对抗,这种能力已经足以让他们改变了。

和孩子的谈话可这样进行:

大卫:我以为你们不介意待在厨房里。

妈妈:哦,有时我们不介意,主要是没有思想准备。你不用自己的房间有什么原因吗?(试着了解问题背后是否有原因。)

大卫:客厅更舒适更暖和,我的房间太乱了。

妈妈：有什么方法能让你的房间变得舒适一些吗？（寻找可选择的方法。）

大卫：我特别想粉刷一下房子，拿掉那些旧椅子。如果我能有一个沙发床，它会更像一个起居室。

妈妈：似乎都很合理，我想如果你希望那样，我和你爸爸能帮着重新装修一下。（把做出改变的责任交给大卫。）

大卫：我可以把周六工作的钱存起来，或许买个二手的更便宜。

妈妈：我觉得这主意不错。你需要我们借点钱给你吗？这样你可以现在就开始。什么样的布置适合你？（仍然要避免对什么都负责，要把大卫当成一个能做这些决定的人来对待。）

大卫：我不知道——我要想想。

妈妈：好的，你想想，等下次再讨论这个问题的时候就告诉我们。现在，在结束谈话之前，你对我让你洗那些用过的脏杯子有意见吗？（不推迟说出你希望的行为。）

大卫：不介意，我愿意。（有时孩子真的会这样说！）

但是，你也可能得到一个消极的反馈，不要气馁。孩子可能只是不理解你，对你哼哼几句，骂骂你，指责你刻薄、疯狂、不近人情或者残忍，嘲笑你，或者想要转移话题。任何一种情况发生，你都可以重复并强调说："你这样做，我很不高兴，我需要你的帮助来解决问题。"

你可能见到过一个叫"打破记录"的训练自信心的方法。这个训练在类似的情况中非常有用。不停地重复你想让孩子听的话。你需要表达出："你没有反应的话我就不会停下来。"

如果你发现重复了4次后，你仍然没有得到合作的回应，那就可以考虑强制了。例如："如果你这样做的话，我就……让你每周用一次客厅，其他时间由我来用。""我愿意帮你装修房间。""你有朋友来，要提前让我知道，这样我很高兴。""我已经说得很清楚了，你显然不愿意知道我希望你做什么——你想怎么办呢？"

尽量不要让自己被激怒。保持你说话的固定语调，慢慢来。如果你觉得愤怒在逐级增加，那倒不如说："好，我知道我们的讨论不会有任何进展，现在先不说了，以后我会再提的。"然后，有可能的话，离开，并为自己如此坚定而鼓励自己。你们当然会再说起这件事情，重新进行这个过程，这一次，你的孩子会得到一个非常重要的隐含信息："我不会放弃。"你会发现第二次和他们讨论的时候，你会得到更多的合作，或者在第三次。

如果你得到了一些认同，那请清楚地表明你的理解，并感谢孩子做出的努力。完成这一步骤，你可以说："大卫，我只想明确一下我是否清楚我们的约定，我们的约定是你在邀请朋友来的时候会告诉我们，我们会和你商量是否可以用客厅。如果不能，你把他们带到自己的房间。我们会讨论什么时候以及怎么帮你装修房间并购买新家具，如果商量好了，我们可以为你分担一部分费用。同时，你会收拾好你和朋友们用过的杯子，谢谢你愿意和我们讨论这件事情，也谢谢你的帮助。"

从现在开始，或许事情会变得好起来。如果出现问题，以你们达成的协议很快就能解决了。但是，就算孩子开始做得不错，你可能发现一段时间以后事情又恢复了原状，这样的话你就需要进入第二个阶段了。

第二阶段：坚持立场

如果你发现几周或几个月后问题又再次出现，你就需要好好准备进行一些直接的谈话。这次用更短的句子，例如：

"我希望你能把昨天晚上的杯子洗了。"

"你能把你朋友带到你的房间去吗？"

"星期五我不愿意让这个房间有其他人。"

"你该还回你欠的家里的钱了。"

"我要你帮我们粉刷房子。"

你的目标是要坚持自己的立场。不要犹豫，提出合理的要求。你需要尽可能地与他们讨论让你不高兴的事情，不要徘徊，不要满怀希望地以为你什么都不用做，事情就会变好。说话的时候要沉着镇定，如果孩子没有听见，那就重复你的话。你的身体语言也要表达出这样的信息："我想让你遵守我们的约定，我不会放弃的。"如果你得到了一个合理的回应，那一定要对此给予肯定。

大卫：哦，对不起，我忘了。我现在就去洗。

父母：谢谢。很高兴你会那样做。

大卫：我本来打算问问你们的，但我忘了。我们能否听完这张碟后马上走？

父母：好的，那很好，谢谢。

坚持你的立场，但这会最大限度地受到这些反应的考验与挑战。

"我受够了这些唠叨。"

"我不记得我说过要那样做了。"

"我现在没法去做——我有家庭作业，你说过那比什么都重要。"

"我没钱，我连假期用的钱都没有，太糟了！"

不要痛苦，也别生气，更不要放弃。深呼吸并保持自信。说一些话来表现你了解（或正试着去了解）孩子的立场，然后重复你的希望："我意识到那容易让你生气，而且那听起来是有点唠叨，但我想请你把杯子洗了。"

你再一次用"打破记录"这个方法，而且重复你那句话，你和孩子之间的谈话可能会这样展开：

父母：我想请你现在把这些杯子洗了。

孩子：你总是对我唠叨。

父母：我知道这听起来真的是有点唠叨，我想请你现在把这些杯子洗了。

孩子：为什么要我做这些？我一整天都在努力学习。

父母：我知道你一直在努力学习，我想请你现在把这些杯子洗了。

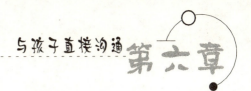

孩子：这太不公平了，总是让我去做这些。

父母：我知道这对你不公平，我想请你现在把这些杯子洗了。

孩子：我待会儿洗。

父母：你已经说过待会儿去洗了。我想请你现在把这些杯子洗了。

孩子：你只是按照你看的书上教你的那样去做。

父母：你认为我不过是鹦鹉学舌——我想请你现在把这些杯子洗了。

请注意，父母在这个谈话中，并不回答任何问题，也不提任何问题，语气显得礼貌而坚定。不断地重复，一直到你得到满意的答复为止。你要重复你的话 10 次以上。这样的情况可能会比你平时任何一次在类似情况下和孩子的谈话时间都长。如果你重复了这么多遍，仍然没有进展，那么你就可以说："布兰达，我已经叫了你 10 遍让你去洗杯子了，我还是愿意再叫你一次。"这就向孩子传递出一个信息，你愿意保持理智和礼貌。如果到最后，你没有得到任何回应的话，那就让自己离开。为自己坚持了立场并同

时保持了镇定而鼓励自己。你也许会自己放弃,但不要心怀怨恨。你的确已经做得很好了,坚持了自己的立场,保持了镇定。接下来的,也许会是一个比较漫长的过程。

当孩子下一次又没有按照约定行事,你也许还要把你的希望再重复一遍。但是,孩子的立场已经发生变化了。因为他现在知道你不达到目的是不会罢休的,所以他们最可能的反应是说一些诸如"噢,不,别再说一次了"的话,然后按照你希望的方式去做。当他们的做法让你感到满意了,别忘了肯定他们。不论你做了什么,都千万不要立即又向他们唠叨另一件事情,他们需要你把他们当成一个有责任感的人,希望能够得到你合理的对待。如果你又唠叨的话,那他们就会立刻知道,你并不是真正想和他们建立那种关系。让人感觉良好的鼓励比批评或惩罚更能有效地激励人,安抚和鼓励孩子也是父母权威的一部分。

第三阶段:让他感觉到你的存在

当到了第二阶段,最后还是没有得到满意的结果,就要进入第三阶段了。因为你没有让孩子了解你的心声,所以你必须让他意识到你的存在。事实上,由于某些原因,孩子可能并不认为自己应该很重视你。

值得考虑一下:为什么会是这样呢?例如:你是否遵守一些最基本的谈话规则?你是否真的愿意放弃控制孩子

各个方面的生活的想法？如果孩子发现即使你说过"我将像对待一个可以为自己负责的人一样对待你",但是你仍然想要控制他们,那么这些策略就依然不会奏效。

但是,不管出于什么原因,你要开始进入第三阶段了,这时你将放弃劝说孩子改掉他们的一些行为习惯。孩子会觉得这证明了一个事实:除非他们愿意,否则没有人能改变他们。所以现在你要改变你自己的做法,要明确地表达你自己的态度。找一件让你苦恼的事情,想一想,如果这件事情真的发生了,你会怎么做,想一些能达到以下效果的方法。

——能让孩子注意到你的行为（只想想做什么,那是不够的）。

——一些你喜欢做的并让你感觉良好的事情。

——不会伤害自己和他人。

——和真正存在的问题有关系的事。

——让人惊讶或不符合你性格的事情。

——你能控制和组织的事情。

如果你现在大脑一片空白,试着用用头脑风暴。

这里有一些家长一起想出的针对不同问题的方法。

对于不洗碗的:

只放置和清洗自己的盘子和刀叉。

只做自己的饭。

用纸杯子盛饭菜。

不要洗孩子的饭菜盘——让他们每次就用那些盘子。

向他们收取清洗费。

把没清洗的盘子都打碎。

对要洗的东西置之不理——哪怕放上好几天。

到饭店吃饭。

对于放音乐声音太吵的：

在孩子的门外，用最大的音量放古典音乐的磁带。

把音响设备扔了。

搬出去。

把磁带扔了。

给他们耳机。

切断总电源。

在窗户上贴一张纸，上面写着：如果不喜欢你听到的噪音，那么请发出你的抱怨！并让你的孩子也知道你的不满。

打电话叫警察。

现在，你知道方法了。显然不是所有的建议都实际、正确和值得你采纳。但是其中一些还是可以的。去掉那些你不打算做的事情，在剩下的那些事情中选择一条最吸引你的。如果你觉得其中有些有点疯狂，那么也无妨。大部分孩子都愿意做有意思的事情，事实上，他们经常出现反抗行为就是因为他们太无聊了。在生活中似乎孩子比大人更需要刺激，而且他们经常会因为受到了一些刺激而引起一些矛盾。尽管不那么舒服，但孩子也习惯把父母想象成古板、无趣的人。这样的做法肯定能改变他们对你的看法。

如果你决定进入第三阶段，那么这里有些方法告诉你。决定好要做的话，明确地声明："希望你没有得到允许就不要穿我的衣服。"然后等着发生什么事情，他们很有可能未经允许就用你的东西，这时你可以说："我已经告诉你没有得到我的允许不要穿我的衣服，但你还是继续这样。我想让你知道我是认真的。如果再发生这种情况，我会向你收取租借费。"如果你没有得到什么回应，那也别担心。当你把自己的话付诸行动后，你就一定能得到回应。

这里有两个父母采用第三个阶段行动的例子：

卡罗尔说，如果电话费还是得不到控制的话，她就给孩子装一个投币式电话。第二个月的电话单到了，还是那么多的长途话费，她真的装了一台投币式的电话，那部普通电话上了锁，钥匙由父母保管。

约翰对他的儿子总是在家里抱怨这抱怨那厌烦极了，他把儿子的东西装进一个大箱子里，放在门外。当儿子回到家，吃惊地发现窗户上贴着一个"招租"海报。这时男孩才明白父母是多么生气。当然他没有离开家——但"招租"海报却成了每每家里出现矛盾时的暗号。

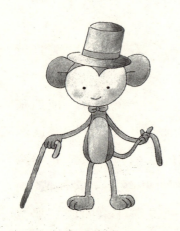

用这种方式坚持你的立场，最好的结果是让孩子意识到你需要他们进行思考，而且你会通过改变他们的行为来做出回应。就算最后不是这个结果，你也会感觉自己更加有力量，即使孩子在亲子关系方面没有做到他们该做的，你也已经和以往的做法有所不同。你会更加清楚你的权利，你也会知道怎么照顾自己，这样就不用依赖孩子来找到对自己的良好感觉。

假设事情真的发展得更坏，还有一个你也许会考虑的选择。

压倒骆驼的最后一根稻草

想象你有个朋友，或是你认识的，或是住在你家的房客。他和你的孩子一样，不尊重你，对你也毫不在乎。但总有一天,你会和他们结束这样的关系。为什么类似的事情发生在孩子身上时就不一样了呢?即使你的孩子长大成人能照顾自己的时候也和朋友、认识的人、房客不同?在这本书的开头提到一个好的父母意味着在孩子能照顾自己之前要让他们好好地活下去。这也就是说,父母成功与否并不在于孩子是否可以变成善于合作的人,不在于他们能否过上积极的生活。那是孩子自己的事情。

如果你想断绝与孩子的关系,那事情就变得很严重了。在我们这个社会,分手或离婚是很容易的事情。大部分人都不愿意与一个不合作的、消极的、没有思想和不体贴的人共同生活。但是支持与这样的孩子分开的人并不多。无论如何,这个选择看起来并不实际也不理想,而且还有其他的办法能让你更好地控制事情的发展。

例如,你可能在做一些你不想做——而且没有必要去做的事情。

进入这个阶段,列一张表,写上你为他(她)所做的所有的事情。分清楚哪些是你喜欢和愿意做的事情,哪些是不愿意的。例如,你可能非常愿意继续为他(她)们做饭,和他(她)们谈话,并为他(她)们提供住的地方。你也许不想帮他们打扫卫生,解决困难,提供经济上的帮助，借给他车。选择哪些是你愿意为孩子做的，哪些不愿意。当你不再做某件事情，向孩子说清楚并解释原因："我不会再把车借给你，因为你不加汽油。""我不再替你洗衣服了，因为我不想那被认为是天经地义的事情。"然后，说到就做到。

亚当，15岁，一直因为逃学而与父母发生冲突。他说他讨厌学校，父母用尽了各种方法让他上学，他们去见老师，把亚当送到校门口，并且总是感到担心。当然，一部分担心是怕他不在学校时会惹上麻烦。他们已经为自己澄清了，他上不上学不是他们的责任。他们不得不放弃希望亚当成为"模范儿子"的想法。这对他们很难，因为他们非常看重教育，他们对亚当放弃自己的机会很苦恼。通过自我反省，他们发现自己并不应当为亚当的选择负责任。他们已经尽全力劝说他改变态度，但他就是不愿做出改变。

他们对亚当解释说，他们不会再为他在学业方面的决定负责，并告诉亚当他们的担忧：如果他只是在街上游手好闲无所事事地转，他会变成什么样。但他们也明确表示不会帮他度过任何难关。他们说愿意为他提供住的房子，但也只是在一定的条件下。他们明确说出希望亚当能在家务方面为他们分担一些，也表示愿意双方进行协商。但如果他最后没有遵守约定，他们会在亚当可以工作并独立时不再为他提供住房。

结果是亚当立刻不上学了，并在一个市场上找到了工作。父母非常失望，但也为他不再无所事事而松了一口气。他们的关系依然很紧张，但父母决定放弃对他的控制，他们就能过自己的生活了，亚当也不会觉得自己是一个负担。当他17岁搬出家后，与朋友一块合租了一间公寓，在此之后与父母的关系有所改善了，而且目前他利用业余时间在当地一所大学学习工程课程。

这个案例表明了亲子关系中的一个普遍现象——有距离才有改善。许多父母发现他们与孩子的关系在他们不与孩子生活在一起后有了很大的改善。

与孩子分开

你可以考虑一些其他的方式和孩子分开，例如，安排你的孩子和其他人住在一起，这个人可以是一个有房子的亲戚。我就见过几例孩子与祖父母在一起生活得很好的情况。奇怪的是，尽管父母与孩子之间有许多矛盾，但孩子却能和祖父

母相处得很好。代沟似乎减轻了压力。

也许你的孩子可以从参加一个长期的志愿者活动中获益。有一些机构专门为孩子提供国内外的志愿者活动，这也是一个可以让他们离开家的方式。让孩子展开羽翼，在相对安全的环境中获得独立吧。

如果你孩子愿意，而且你也能负担孩子去国外上学，那你也可以考虑一下。

你可以安排孩子去另一个家庭生活，去一个孩子想要的家庭。"我希望我能生活在……的家，他们不会这样对我。"你可以真的按照他们的话去做，并做一些安排。哪怕持续很短的一段时间，也会很有效。如果你认识一个也有问题少年的家庭的话，那你们甚至可以做个交换，通常情况下，家长和别人的孩子更容易沟通，因为彼此之间没有相同的情感联系。

如果你已经无法忍受了，而且你的孩子已经到了法定的成人年龄，你可以把他们都赶出去！这是很严厉的一步——但也是一个选择，那样的话，你不必再做苦行僧。

显然，我们在考虑实在没有办法的办法之前，还有很多其他方法。只能当你不愿再为这个人负责时，你才能做这个决定。我希望你永远不要走到这一步。但值得你记住的是，如果你愿意，这些选择应该是可行的。

第七章　让孩子努力学习还是误入歧途？

"我就是不能让他去学校，我害怕有一天学校领导会追究这件事情。"

"我担心孩子什么都不学——至少看起来是。他们不会拼写，除了笑话书，从来不主动看其他的书，他们在学校好像也是在浪费时间。"

"我和老师谈过，但我肯定他们把我看成是去找麻烦的人了。每当我谈到弗兰克的进步，我能看见他们的目光都要惊呆了。"

这一章引言中提到的父母谈论的是孩子与学校的事情。关于学校的话题就能单写一章，这是因为孩子在学校至少要度过11年。学校对孩子的发展有很大的影响，它是孩子第一次接触家庭之外的大千世界，或许很少有

法律会规定有了学校父母就可以卸下教育孩子的责任。

如果你有一个学龄期的孩子，1944年教育法（大部分内容在1988年进行了修正）要求父母要保证孩子接受全日制教育。你可以为孩子选择私立或公立学校，如果你能为孩子负担私立学校的费用。不过无论选择哪种，你都可以选择孩子要上的学校。1988教育改革法案有很重要的变化，那就是增加了父母为孩子择校的权利。全国范围内，可以自愿入学。只要符合政策规定，校方领导就应该让孩子根据家长的选择报名入学。在性别方面以及是否有选择范围方面都有政策的规定。一些志愿学校还涉及到宗教归属问题。

法律同样允许孩子在家里接受教育，但建立这样一种教育模式还需要经历一个漫长而复杂的过程。教育督导中心（Advisory Center for Education，ACE）是一个针对家长的独立督导机构。这个机构声称，虽然家庭教育在短期内是比较有益的方法，但从长远看，这不是最明智的选择。关于你所在地区哪些学校还有名额的信息，可以由当地教育机关提供，你也可以在当地委员会的电话手册上找到学校的电话号码。学校会发布自己的信息。这样做有些复杂，但是这是相关法律规定的。

第七章

让孩子努力学习还是误入歧途？

三角关系

父母所面临的这方面的问题和父母、教师、孩子三方之间的关系有关。每一方都有自己的需要和立场，这说明有时候彼此的利益会产生冲突。

例如，作为父母，也许你期望孩子学习社交技能以及读、写、算三项技能。你希望他们能快乐地学习，而且能取得好成绩。一个老师可能会认为教育者的主要责任是让孩子学会基本的知识和技能，而社交技能的培养则是父母的责任。孩子可能希望能尽快离开学校，以此来证明自己的独立。你可能会认为某一个老师没有做好本职工作，孩子无论是与你还是与老师都可能并不是特别配合。

在本章中我们将一起探寻解决因各方期望不同而导致的冲突。我们首先从学校本身开始分析。

学校的组织结构

学校管理者

学校管理者来自不同的群体，其中有家长、老师、当地社区和本地的教育机构。在由教堂或其他组织资助和控制的一些学校，学校管理者还可以来自设立该校的组织。学校管理者的权利会很大，比如每一个当地的教育机构都必须为当地所有的中小学制定预算份额计划，而资金使用权被授予了学校管理者。受资助学校的管理层有权聘请员工并负责大部分的建筑工作。有预算权利的学校管理机构可以决定需要有多少员工和人事任用。他们也负责学校建筑的日常维护。他们必须每年向家长报告，报告的内容包括考试成绩、资金使用以及学校活动等。家长每年都要参加大会讨论这份报告。如果你希望对学校的管理有重大的影响力，那你可以考虑参加竞选家长管理者。

家长—教师协会 (Parent-Teacher Associations)

这个机构与管理者不同，它不是管理机构中的一部分，

但是它对促进家长和教师之间关于学校管理方面的沟通起到了很重要的作用。家长—教师协会可以是一个交流信息以及帮助家长和老师彼此增进了解和信任的讨论会。虽然不能就孩子

个人的问题在协会中讨论，但家长与协会建立的关系，特别是与教师建立的关系，对于处理孩子的问题又显得十分重要。如果有必要，家长—教师协会可以把关心的问题提交给学校管理者或当地的教育机关。

如果你孩子所在的学校没有这样的家长—教师协会，那么国家联邦家长—教师协会可以告诉你建立的方法。

学校员工

负责整个学校管理的是校长。他的责任包括分配设施和教室等各种资源，组织学校的卫生打扫，安排课表、考试。校长必须与管理者们、员工协商，以及与教育部等学校以外的机构保持联系，为学校的教学安排做计划，同时也负责管理教职员工。

校长的一部分责任由副校长和高级教师负责。学生的生活照顾由被叫做牧师式教师的高级员工负责。一旦出现问题就可以找他们，与那些每周只与孩子见面一两次的老师相比，他们对孩子的在校表现观察得很仔细。

有的学校还有学校心理辅导员。通常,心理辅导员不是教学组成人员,他们可以帮助孩子解决个人或在学校中出现的问题,心理辅导员与孩子之间的关系最为亲密。

学生

你的孩子在学校可能会和具有不同能力的同龄孩子分在一个班级。组班的方式还有很多,以下是一些最为常见的组班方式。

混合能力班(Mixed-ability)

大部分孩子的班级都是这样的,班里的同学与他们年龄相仿,能力却不同。这种混合能力班的组成方式是每个班级高于、低于、等于平均水平的学生各占三分之一。有些家长支持这种组班方式,因为能力较低的学生不会被隔离在专门的一个班,而且孩子也不会被过早地进行错误的能力评估。

分流班(Streaming)

在这种班级里,根据学生的总体综合能力来分组。综合能力的评价是根据小学的成绩或学校考试成绩来做出的。支持这种分班方法的人认为:教一个整体水平一致的班级会比较容易,而且聪明的孩子不会被耽误。

分组班（Banding）

这种方式是分流班的变式。在这样的班级里，组班的方式是把几个班的学生按照高、中、低水平的学生进行分组。

学科设置班（Setting）

这种方式是根据不同学科来分组的。在某一学科上相同水平的学生被分在一组，这种分组方式与"分组班"不同，不同的人在不同的学科会各有优势，而有些又在某个学科上低于平均水平。

课程

课程安排是学校为你的孩子提供教育的计划。它分为正式和非正式两种。正式课程包括所有的学科教学，有的是现在已经由国家规定必须上的。非正式课程设置的目的是学校要给学生创造一种氛围，它主要让学生学习社会技能，为学生提供课余活动或实践社交

技能的机会。

为孩子择校

如果你的孩子要去私立学校上学,那么只要你能负担得起,你可以任意选择那些最适合并接受你孩子的学校。在法律上你有权利为孩子选择上公立学校,但实际情况没有这么灵活。例如,有时申请一个学校的学生超过了招收名额,或者学校对招收学生是有所选择的,也就是说他们只接收达到一定成绩水平的孩子。也有可能你住在乡村或一个小镇上,那里只有一个距离你家不太远的学校,因此选择起来并不是那么理想。

如果你为孩子择校时有不止一个选择,而且选择的时候你也非常矛盾,那么试试用下面的练习来让自己的想法清晰起来。

请在你赞同的项目上画勾。

我想选择一个学校:

——注重学习成绩。

——重视全面教育。

——关注核心课程。

——在课程表上包含健康和社交技能教育。

第七章 让孩子努力学习还是误入歧途？

——能发掘孩子的所有潜力（如美术、音乐或体育）。

——能关心孩子的特殊需要（如学习慢、生病、残疾）。

——建立不同学科之间的联系（如进行话题讨论）。

——有独特的教学方法。

——有积极活跃的家长—教师协会。

——能强有力地解决问题并尊重教职员工。

——强调纪律，有明确的奖惩制度。

——有鼓励学生自律并对自己的行为和行为后果负责的政策。

——有学生会。

——不用穿校服。

——提供不同民族习惯的伙食。

——为特定的一个民族或宗教群体提供伙食。

——有更多的其他对你来说特别重要的一些项目。

当你列出这些时，把它们按照重要性进行排序，和孩子一起讨论一下，同时也可以考虑孩子的想法。

梳理了关于为孩子选择什么样的学校的想法后，有必要花点时间尽可能多地找出可选择的学校。你可以用以下几种方式来做：

- 询问别的家长为孩子选择学校的想法。
- 和学校的学生谈谈。
- 查询学校管理者提供的有关考试成绩、资源以及学校与当地社区关系的报告。
- 许多学校都出版一些杂志和报纸，有的是学生自己制作的，其中包含了学生进行创造性工作的例证，读读这些可以看到学校在非正式课程上安排的好方法。你可以从中得到学校对一些问题的态度，比如给予男女学生同样的机会、讨论话题的范围、思想的深度以及各种校外的活动情况等等。
- 参加学校开放的聚会，并约定在学生上课时间参观学校。

你、教师和孩子

大部分教师认为，在小学低年级阶段，家庭与学校保持密切联系很重要。通过家校联系，父母可以参与孩子的学习并了解孩子的学习状况和他们的心理感受。但是到了高中，可能是因为老师不愿再像从前那样管束学生，也可能是因为孩子长大了要坚持争取独立，而且他们也要求更多的自由，这样父母的影响无疑就变小了。

由你、教师和孩子构成了三方关系，在这种关系所引起的问题出现之前，先想想你自己对学校的感触。父母常常会觉得与他们上学时相比有太多东西都已经发生了变化，这就有点让父母不知道该怎么帮助他们的孩子，或者不知道自己该如何解决问题。那时牧师对教徒式的服务制度还不存在，各学科的教学方法也不同。当你参观学校时，你自己的经历或许会让你感觉很不自信。

这个练习会帮助你探索因过去自己上学的经历而影响到处理你孩子目前出现的问题。

回想一下你最近一次参观孩子学校的情景。你还能记得你一进校门的感受吗？想到了什么？有没有想起你自己年轻时的情景？例如，如果你在学校时过得并不开心，那么当你进入学校时会感到紧张吗？

你与校长或教师谈话，

他们并不像你想象中的那样好，想想你做了些什么，说了些什么？有没有可能是你对学校的记忆影响了你的行为？例如，校长坐在桌子后，而让你站着，你们讨论孩子逃学时，你是否感觉不舒服，因为同样的事情也发生在你身上？你是否很难接受你的孩子在数学方面有学习困难之类的问题，因为你记得自己学得很好？

如果以上这些问题的答案表明了过去的经历影响了你，那么你是否会想一些实际的办法来解决目前的状况？

你有时会不赞同教师所采用的教学方法或他们做出的一些判断。一般父母会接到电话被要求去学校讨论他们根本不了解的事情。如果这样的事情发生在你身上，你就会明白在这样的环境背景下要保持冷静和镇定是一件不容易的事情。

如果你因为一些问题需要和学校的工作人员见面，那就用你的自信和沟通的技巧来避免自己产生无力感吧。别让自己回到过去，别让自己变成那个曾经在校长面前紧张得舌头打结的小孩，也不要反过来决心不胆怯而变得滔滔不绝。太被动或者太挑衅都对建设性地解决问题不利。

归咎游戏

假设孩子在学校出了一点问题，请不要陷入归咎的游戏。归咎游戏的第一步就是对现在的问题马上就确定到底是谁的责任，认为"都是老师的错"或者"是我孩子的错"。例如，你的女儿因为吸烟而受到了处罚，你觉得处罚得对，她从来不遵守规章制度。或者"老师期望孩子不去尝试吸烟也太不现实了，他们太挑剔了"。你的儿子英语学得不好，你知道后的第一反应是"我一点也不吃惊，他太懒了"，或是"老师没有尽到责任"。

一般情况下，偏袒孩子不会有利于问题的解决。大多数情况下，当人与人之间出现了问题，各方都要对发生的事情负一定的责任。大家共同努力，将来做得更好才是更有效的解决方法。

要牢记的一点是：你要去见的那位学校工作人员很可能和你一样善良，不要认为你要面对的是一个你必须制服的敌人，应该抱着你们要在一起解决问题的态度。

三个坚定的反应技巧

如果你与老师之间处于很难处理的紧张关系状况，那么在第四章（与孩子共同生活的相处之道）和第六章（与孩子直接沟通）中介绍的沟通策略能够有效地解决这样的情况。这里有一些怎样利用这些策略的例子，如果事情发展到难以解决的地步，那么有三个让你做到坚定的基本方法。

打破记录

如果你感觉对方没有认真听你说话,最好的回应是"打破记录",你可以一直重复你想说的话,一直到那个人说他听到并理解了你的意思为止。这样做确保了你想要讨论的问题不会被回避或被打乱。也就是说你不用生气或者与对方发生争执就把自己的想法讲清楚了。以下是一个发生在家长开放日的例子,家长担心教师不批改作业或者不给学生反馈。

家长:约翰不愿意做作业是因为有时老师没有批改作业或者没有发下来,我想知道如果作业批改了,会不会更容易激励他。

老师:哦,也许是那样,但我们老师人手不够。

家长:我知道这给你们带来了困难,我希望你能安排好批改一下约翰的作业,然后发给他。

老师:上课才是最重要的,只要作业做了,不一定都要发下去的。

家长:我知道对你来说并不重要,但我希望你能安排好批改一下约翰的作业,然后发给他。

老师:哦,真的不用担心,约翰这么聪明根本不用把作业发给他。

家长：很高兴你对他的成绩满意，我希望你能安排好批改一下约翰的作业，然后发给他。

曼纽尔（Manuel J. Smith）早期有一本关于坚定性的书叫做《如果我说不，我就会感到内疚》，在书中他提到："如果他说了3个'不'，那你就需要说4个；如果他说了6个'不'，那你就需要说7个，就这么简单。如果你很自信你有权利提出要求，那么继续提出你的要求就是合情合理的。"

打马虎眼

另一个让你坚定的方法是"模糊战略"，这种方法在你感觉自己受到了不公正的批评时非常有效。"模糊战略"关键是不要对感受到的不公正发火，而是要赞同话里每一个可能存在的事实。用这种方法一般你可以不和对方争执就结束谈话。例如，针对对方批评你不能管教好孩子，你的反应应该是："是的，我总觉得我很难管教他。"因为生气或者内疚常常会让人在应对这些批评性的言语时做过多的解释或过度的辩护，这样做通常会导致争执，从长远来看，是没有什么好处的。

坚定地提问

这也是对批评的一个很好的回应,尤其是当你觉得有辩解理由的时候。当然,他人的批评会使我们不好受,但是只要你能保持镇定和理智,事情是可以解决的。

这有一点像是把问题模糊化了(即与上述"打马虎眼"的方法相似),但是"坚定地提问"这一方法还是更好些,因为被批评的人在讨论中会关注自己所受到的批评而不是对讨论本身。继续上面的例子。

老师:安德鲁在教室里很不像话,很难管他,而且很粗鲁。我觉得他在家里没有怎么被管教。

家长:是的,我总是觉得很难管他,他给你带来这么多麻烦,真的很抱歉,我真想让他安静一点,你知道他为什么这样吗?

老师:哦,似乎这种状况是在今年年初开始的,四年级之前挺好的。

家长:那时候有什么特别的事情发生吗?

老师:没什么大事,也许是他必须要埋头学习准备考试吧。

家长:会不会是作业太难了?

第七章 让孩子努力学习还是误入歧途？

通过以上的例子，你可以看到谈话是如何进展的。一个回答也许可以解决一个问题，也许并不能，但这样家长和老师至少一起努力去了解问题。注意家长是怎样通过提问来控制谈话的。这样可以促使老师思考并回答这些问题，老师就不会继续批评家长了。因为家长的防御心理撤除了，老师也就不用展开攻击了。

如果事情反过来，你想抱怨和责怪老师，那么要记住在第六章提到的沟通策略，要保证提供给老师的信息包括以下四个要素：发生了什么事情，你的想法和感受，你的期望，你会做什么。以下是一个例子。

家长：昨天萨拉回家时很生气，她说她穿的外套被没收了，而且还因为没有穿校服而被责骂（发生了什么事情）。我觉得学校对于校服的规定很重要，而且我很赞同违反了校规应该有所惩罚。我担心的是现在天气冷了，萨拉在从一座楼到另一座楼的时候没有其他大衣可以穿。我的另一个担心就是她觉得自己受到了不公正的对待，她现在对学校也不那么有热情了（你的想法和感受）。我更希望你以后让萨拉穿校服时也同意让她白天穿上外套或者让她课间回家换（你的期望）。我会尽力保证让她穿校服。如果她不穿,我会让她知道后果的(结果)。

让孩子也了解

你和学校做过的所有的沟通都要让孩子知道,对于每一封你要给学校写的信,该如何写都要和孩子讨论,而且在寄出之前要给他看看。学校的回信也都要和孩子公开讨论。如果你要和学校有关老师谈谈,那要和孩子讨论一下你去见的最合适的人是谁,也要让孩子知道你希望怎么解决问题。尽力让孩子也一起参与与学校相关老师的见面。只要有可能,让孩子自己说明和辩解,在必要的时候给予帮助。

是找麻烦吗?

当问题与学校有关时,一些麻烦就会一次一次地出现。

"我不想去"

孩子不去上学,有几个原因。一些 14 岁左右的孩子觉得在学校里发生的事情与他们的将来没有什么关系,与他们如何看待生活也同样没有关系。对这些孩子来说,逃学是失望甚至是绝望的表现。

另外的则更多的是因为个人问题而不是学校问题。逃学可能是由个人

让孩子努力学习还是误入歧途? 第七章

问题引起的焦虑或压力的表现。例如,那些认为自己太胖或者外表没有什么吸引力的孩子就会通过逃学来逃避上体育课,避开让自己感到尴尬害羞的场景。家庭危机,如父母离婚或分居都可能促使一些问题产生,包括逃学。也或者可能他们感觉自己的一些最基本的需要没有得到满足。要想学习好,必须要对自己有一个积极的看法。如果在学校没有让他觉得很自信,孩子可能会认为没有必要去上学。经常逃学的孩子通常都很孤独,而且在学校里没有朋友。如果你的孩子真的逃过学,那你可以用下面的练习来找出他不愿意上学的原因,看看是不是他对学校失去了兴趣。

问问你的孩子,如果他们有兴趣的话,请他们在以下正确的说法上画钩。

个人需要

- 我在学校至少有一个朋友。
- 我至少和一个老师很熟悉。
- 当我有了疑问至少可以向一个老师寻求帮助。
- 不管我成绩好不好,老师都认真地对待我。
- 在班里有机会讨论一些事情。
- 我知道我的优点能得到承认。

- 老师了解我。
- 大部分时间我对上学抱有热情。

权力

- 在学校里，我受到鼓励要约束自己并要为自己的行为负责。
- 老师与我们讨论学校的变动和一些决定。
- 我有机会表达自己对学校一些事务的看法。
- 如果课堂上我有什么听不懂的，老师会停下来帮助我。
- 我觉得我对学校的一些事情有影响力。
- 如果我有怨气，老师愿意倾听我。

成绩

- 我知道我想得到什么样的成绩，而且我认为我能得到。
- 我知道我在学校学了什么，也知道我学习的状况。
- 我可以与他人讨论我的想法，这样别人会理解我。
- 如果我想了解一些知识，我有能力找到答案。

如果你的孩子只在几个句子前画了钩，那么就有必要和孩子一起考虑讨论一下要对现状有所改善。

无论是什么原因，发现孩子逃学都会让你感到非常不安的。

不管你是有点怀疑还是真的知道你的儿子或女儿在逃

让孩子努力学习还是误入歧途？ 第七章

学，尽可能快地处理好这件事情，时间越长，让孩子上学就越困难，那样他们会说更多的谎话，事情也就会越来越麻烦。

孩子逃学的原因可能不同，最能帮助你决定要做什么的就是找出孩子行为背后隐藏的原因。用第四章中的"评估、沟通和协商"的程序，来帮助你做出那些能帮助你解决问题的决定。

"我不会去做的"

你的孩子可能会选择离开学校而成为一个逃学的学生，也可能会选择回到学校。但是，拒绝上学或恐惧学校是不同的。与其说是恐惧学校还不如说是害怕离开家。好像孩子害怕学校象征的独立而不愿意去上学。

如果你和孩子不能达成任何合理的协定，那你可以寻求一些机构的帮助。官方对于拒绝上学或逃学的立场，各地有所不同。一些当地的官方设有教育福利部门。他们的工作是帮助学生和家长处理一些问题，如上学问题。但这并非是法定的，他们提供的服务也没有执法权。而有些机关很快就会将某个孩子的逃学诉诸法律。另一些机关会在孩子逃

163

学达到一定的期限，比如 4 周才起诉，有的则使用一些较温和、不那么专断的方法。

家庭治疗在解决类似问题上很有效。罗宾·斯金纳(Robin Skynner) 博士是一个作家，同时也是一个家庭治疗师，他在研究报告中提到一个由二十几个家庭组成的团体，该团体在家庭治疗之后只有三个孩子没有去上学。正如其名，家庭治疗是让整个家庭都参与的治疗方法。整个家庭被看成一个系统，而孩子的问题行为被看做与系统功能失调有关。因为在治疗过程中，每个家庭成员都能够得到一些支持，所以这是一种很有效的方法。但这种方法需要花一些时间而且进展很慢。如果你想解决这一类的问题，那么家庭治疗可以是一个选择。许多父母在用这种方法时很犹豫，因为他们认为这表示他们很软弱、很失败。但事实并非如此，毕竟如果你想修洗衣机，但修好的可能性不大，你不会因为叫来了专门的修理人员而觉得自己很失败。在本书中的其他地方我也提到过，身为父母是需要技巧的，而且是项很难的工作，大多数人在为人父母之前很

少受到培训或有所实践。

"那不是我!"

并不是所有的问题都能通过让孩子开始正常去上课就得到解决。"你能来一下学校吗？我想和你谈一些事情。"这可能是一个坏消息，有可能是孩子在学校犯错误了。

尽可能弄清楚到底发生了什么事情。在去学校之前尽可能了解一些实情，并且让孩子和你一起去见老师。否则，你会发现自己会面对两种不

同的说法而不知道该相信谁说的！通过和老师见面去了解发生了什么事情，而不是去维护孩子或者为他辩解。你可以问："到底发生了什么事情？" "有谁参与了？" "以前发生过吗？" "这件事情是怎么引起的？" 要记住一点，这是你孩子惹的麻烦而不是你，在这种情况下，我们很容易想起自己上学的时候在老师面前感到不知所措而且很无力的情景。你和老师都是想解决问题的成年人——即使老师像对待孩子一样对待你，你也不要失去信心。

来用用这些你已经实践了的沟通技能，例如：

说"我"字：听到你正遇到这些问题我真的很吃惊；我心里很着急也很担心，希望知道发生了什么事情；这样我就可以和你一起解决这个问题了。

重申：我想看看我是不是真的明白你的意思了；你说约翰有几次对你和其他老师都很粗鲁；尽管你没有什么证据，你也认为他参与了欺负其他低年级孩子。

总结：到目前为止，你都能做些什么？

说出你观察到的：我知道你对这件事情很生气。

验证你的直觉：我觉得你认为如果莎莉的作业成绩不提高的话就不能参加考试，是那样吗？

纠正错误：我从你的话中意识到你认为我知道安德鲁在逃学，我想告诉你这是我第一次听说，而且我对此感到很震惊。

当你和孩子谈话的时候，用直接谈话的方式进行沟通。例如："安杰拉，你们副校长让我去学校谈谈你的表现。我今天去了，她告诉我你对其他老师特别不礼貌，她告诉我你骂了一位老师而且还扔了书。我很在乎这件事情，因为如果继续下去，我担心你会得到更加严厉的惩罚或者被停课。我猜你这样做一定有你的原因，我想听听你的想法。"

避免偏向任何一方。要牢记的是，这是孩子与老师之间的问题。事情的结果对你的影响远没有对他们的影响那么大。你要传递给孩子的信息是："我关心你，我尊重你。如果我可以,我会帮助你解决这个问题,但最终这还是你的问题。"

你可能会觉得事情发展得太快了,或是你想要解决问题却没有任何进展。在这种情况下,你可以寻求外界的帮助——如你的孩子可能愿意与学校的心理咨询老师一起来解决他(她)个人的问题。如果没有心理咨询老师,也许会有一个老师可以充当传教士式的辅导者角色,可能是一个老师,也可能是一个部门的领导。心理咨询和辅导老师对学校非常熟悉,也很了解孩子在学校的表现。他们非常适合给你提供一些建议来帮助你。

"我做不到!"

对孩子和他们的家长来说,考试都是很有压力的。有些压力产生于难以承受的心理负担。你可能也意识到强迫孩子达到成功很危险。但是,如果你很在乎失败对孩子未来造成的影响,那你会发现自己很难不感到焦虑和担心。

试着把孩子的责任和你的责任分开。能不能通过考试完全是孩子自己的责任。他的生活会受到最大的影响,而

不是你的生活受到干扰。毕竟你已经上过学了,而且也面对了所有的结果。通过你孩子的成功和失败来衡量你的成功与否,并让他们为你的人生负责,这给他们造成了很大的负担。

如果你的孩子想让你在学习上帮助他(她),你可以给他们提供一些实际的帮助。

给予支持

支持孩子意味着帮助他们发展能力,并帮助他们自己决定要做什么事情。你可以提供一些思路,说说你自己是如何处理类似问题的。例如,如何利用时间、读书、表达自己的想法等。你的孩子可能并不想按照你的方式去做,但他们至少是有了一些其他人如何做这些事情的信息。

这里有一个你如何帮助孩子利用时间的例子。在做练习之前,看看你的孩子是否对你的想法感兴趣,而且是否也愿意在对这些想法进行判断之前尝试一下。要明白地告诉他,你愿意给他提供建议,但是并不希望对他要完成的事情负责。

让孩子回答下面的问题,并写出答案。

——有哪些事情你现在没有时间做?

——目前你是如何利用时间的？（最好的办法是找一个合理的时间段，比如一周或两周，记录每个小时里你都做了什么，这些记录更能清楚地反映事实。）

——有什么事情你可以少花一些时间，以便腾出时间来做你想要做的事情？

——列出下周你能做的或必须做的事情，哪些是最重要的5件事，哪些是次重要的5件事情，剩下的则是第三重要的事情。

——算出做每件事情你大约需要多少时间，然后计划在这一周时间内，至少有50%的时间是用在做最重要的事情上，30%用在次重要的事情上，20%的时间用在第三重要的事情上（根据自己的情况调整这个比例）。

——假设你按照这个计划做了，而且也坚持下来了，你会给自己什么样的奖励？

然后建议孩子按照计划执行一周，完成以后，建议再看一次计划。

学习的最佳方法

人们的学习方式各有不同。例如，你可能是在安静的环境中才能学得好的那种人，而对有些人来说，环境中没

有一点声音就不能集中精力。不要以为孩子开着收音机听，他就没有在学习。应发现孩子喜欢的学习环境，然后

看看是否有可能为他提供相应的环境。许多人想要一个房间或者至少是和别人分开的一个空间，这样他们就不会受到打扰。如果有其他人在房间里做别的事情，那么孩子很难对一件事情集中精力。孩子有一个单独的房间，在他（她）的卧室里放上书桌和暖气，会比在客厅里整理出一块干净的地方更好。有的孩子喜欢在一个连续的时间段里学习，而有的孩子喜欢学习一会儿就做其他的事情。有的孩子需要一些具体的帮助，如画流程图、做计划，有的更容易记住说过的话，听磁带、讲座会对他们很有帮助。有的孩子和朋友一起学习会很好，有的则会分心，还是自己学习更好。

这是一个与帮助孩子有效率地读书类似的练习。同样，在你开始提出建议之前，问问孩子是否想听。

这些问题可以帮助孩子跟上阅读的节奏。

——这一章/节讲的是什么？谁？何时？何地？为什

让孩子努力学习还是误入歧途？ 第七章

么？怎么样？

——它和前面的章节有什么联系？

——内容是如何展开的？

——该怎么利用我正在阅读的内容？

——有多少是我已经了解的内容？有多少是我还不知道的？

孩子常常认为他们需要从头到尾地读书。事实上不用这样。鼓励孩子利用目录、索引、摘要等，这样他们就可以确定哪些内容可以花时间，而哪些内容是可以跳过不看的。

如果你的孩子觉得阅读很难，那就要确保他（她）能得到一些奖励。

提出建议

为了考试而学习的时间是很难度过的。如果孩子需要帮助，那么你可以给他提供在家复习和学习的安排。但是很重要的一点是你要和他（她）讨论这个安排，而不是你自己决定然后强迫他接受。记住，你是要帮助孩子，而不是控制他（她）；你是要给他提供建议，而不是下达命令。

——弄清楚考试的内容和时间。

——准备一个时间表，给每一个科目标上时间，这样每一科都能考虑到。

——每天都专门留出一段时间复习。

——鼓励孩子把复习作为一个积极的学习过程，而不是没有目的地看笔记。让孩子利用笔记列出要考试的重点，做出图表和考试计划。

——倾听孩子，给孩子提问题，考考他们。

——限制复习的时间，有目的地进行两个小时的学习要比4个小时漫无目的地看书好。

探讨失败

你可能觉得不讨论失败会更好一些，讨论失败不过是在鼓励孩子失败，但如果你只考虑成功，那一旦真的失败了，情绪就会糟到让人无法忍受。

考虑失败的可能性并对失败有心理准备是一种健康的思维方式。这样能向孩子传达出一个信息：无论他们是否通过考试，都不会影响你对他们的关心和尊重。做些应对失败的准备也表明假设他们考试不及格，他们的生活也不会停止。

放松

把第五章中介绍的放松法教给你的孩子，对他们也同样有效。如果考试有压力，那么放松会使紧张变为平静。同样你要向孩子传达"我关心你"而不是"你必须考好"的信息。

第七章 让孩子努力学习还是误入歧途？

你可以申述

有时负责考试的老师也会出错，如果真的如此，可以向上反映。例如，大多数考试委员会都会接受那些考试期间生病的考生提前上交的申请。但是，分数一旦判出来了就无法更改了。到成绩正式向学生公布后，你可以自己以家长的身份提出申诉。但是建议你通过学校来做这个工作。申诉有不同的收费等级。最便宜的是检查分数是否核对了。比较便宜的是学校要求给出的全体学生

的成绩报告，里面还会提到有多少学生考得没有预计的好。最贵的是重新判改试卷，然后对整个试卷做出评价。虽然成绩可能不会变，但是报告对以后的考试会有所帮助。

"他们让我别回去！"

有时候孩子被拒之于学校门外（停课或开除）。对家长来说，这也是一个让人感到痛心的经历。停课制度很复杂，除了暂时停止上课（6天以内，不会错过所有的公共考试），还要牵涉到学校校长、管理者和当地教育机关的协商和行动。在自愿学校里，由管理者自行决定。在公立

学校，管理者和当地的教育机关共同负责解决这类事情。你的孩子回家来说："我被送回家了，他们让我不要回去了。"你的第一反应就是出现麻烦了。你会收到一封校长来信，上面写有孩子停课的期限、原因以及写明你有向学校管理者或当地教育机关反映的权利。如果校长决定让你的孩子停课5天以上，那么他一定会请你去学校讨论此事，在这种情况下，你需要准备好所有表现自信的技巧去面对教师，只有这样你才能发现事实的真相。

珍尼在一个家长团体里说她收到女儿简玛学校校长的来信，她感到非常震惊。信上说简玛因为有一些不能被接受的行为被停课5天。"我觉得很难受，也很害怕，仿佛世界都要颠倒过来了。我知道我的孩子不是最听话的，但我没有想到事情变得这么糟，那时我对发生了这样的事情感到非常生气和愤怒。简玛平时不怎么提到学校，我以为情况还不错。我给学校打了电话，也和校长约定见面来讨论这个问题。"

在此过程中，你有权利向各级各部门提出申请。如

让孩子努力学习还是误入歧途？ 第七章

你觉得发生了一些不公正的事情或误判的情况的话，法律会给予你权利向管理者提出请求，要求他们取消停课。对于永久性的停课，你还可以向一个独立的申诉委员会提出申诉。

"他们都是流氓！"

当你的孩子还很小的时候，我们可以保护他们不受伤害。当你发现孩子正受到别的孩子欺负时，你会感到难过。

最有可能被欺负的是那些被同伴看不顺眼的孩子。假如他们学习很认真，会被看做是书呆子；假如他们的穿着与众不同则会被认为是太时髦了。他们也可能太过于安静了，太被动了，过于胆小了。欺负孩子的行为可能是说脏话，人身攻击，偷钱或其他东西，如做好的作业被人故意弄坏。

假设你发现你的孩子成为被欺负的对象，先和他（她）讨论一下这件事情，看能否帮助他（她）。尽力找到是什么原因让他（她）成为被欺负的目标，这一点很重要。例如，如果是因为他（她）比较被动，那么请教会你的孩子自信一些，让他学会保护自己。欺负人的孩子一般都不会找那些看起来很自信的人的麻烦。但是他们的确经常会去欺负那些看起来喜欢一个人待着的人。如果这一点就是问题所在，那么你必须帮助孩子交朋友了。

学校教育有两个目标——一个是学习上的进步，另一个就是让学生学会如何与同龄的孩子相处。对于许多人来说，具备这种能力并不容易。你可以通过帮助他们建立社交的信心来达到这一目标。

应和学校取得联系，不要让这种欺负现象再发生了。大部学校都把欺负同学当做很严重的问题。你可以和学校的校长、老师或心理辅导老师以及其他任何了解并关心孩子问题的人谈。你要了解整个情况，并找出原因。例如，可能只是很小的问题，而在一定程度上你的孩子也对事情负有部分责任。如果你得到学校的回应是："对不起，我们没有办法让这种事情不再发生。"那么你可以向更高一级的部门投诉，也可以考虑让孩子转学。你可以在家长—教师协会上提出这个问题，也可以和孩子一起努力来解决这个问题。教育督导中心（ACE）指出以大欺小的现象只在某些学校出现，而另一些学校就不存在了。

这也就意味着一个学校可以制定一整套方法和规定来有效处理以大欺小的问题。也许你和其他家长需要通过家长—教师协会、学校管理者和教师的接触来支持这样的规定在孩子所在的学校里顺利执行。

第七章 让孩子努力学习还是误入歧途？

发现孩子欺负别人或者孩子是受害者，都会让你感到不安。假设类似的事情发生在你身上，你首先要克服出现的防御心理反应，然后尽可能找出这种行为发生的原因。从某种程度上说，欺负人和被别人欺负的原因非常相似。例如，欺负别人的人也是觉得自己难以适应和不被他人接受的人，欺负别人也是一种惩罚那些拒绝自己的人及让其接受自己的手段。

结　　语

在你和孩子之间，学校扮演了很重要的角色。有时候会出现麻烦事，真有问题了，你可以利用家长的权利来帮助你和孩子应对出现的局面。就如同在生活的其他方面，只要及时解决，许多小的问题可以在它们发展为大问题之前得到解决。有时候，只不过是在晚会上和老师谈谈，或者写一封信解释一个小问题就可以阻止更严重的问题发生。学校的家长—教师协会组织得很好的话，你可以通过协会与老师建立一种非正式的关系，这样你们就可以讨论一些你关心的事情，而不需要对谁有所防备了。

如果你的孩子真的很不快乐，而且看起来也没有什么办法可以解决，那就有必要考虑转学了。可以就这个问题与当地的教育机构取得联系，告诉他们你想选择的学校和要给孩子转学的原因。如果那个学校还有名额，那么就可以转学了。如果学校名额已经满了，那么你的名字就会被登记在等待转学者的一个单子上，你与孩子可以与你们所择学校的校长见面。只要学校有名额，他就不能拒绝你提出的申请。

如果孩子在学校出现问题，那么请牢记这几点：

● 如果孩子比你更投入学校的生活，那么这就意味着你是一位成功的家长，他们在向你证明他们正在离开你，走向独立。

● 你的孩子在学校出现的问题基本上都是他们的问题，而不是你的。特别是当你感到产生问题的原因是孩子年龄小而没有受到关注的时候，你可以凭借你的知识、经验和沟通技巧来帮助他们。

● 青春期对许多人来说都是情绪活跃的时期，有些学校问题全部或部分是由孩子的情绪危机引起的，这些都不是可以通过处理一些表面问题就能解决的。

● 老师和校长也是人。

● 如果你是一位单亲家长，没有另一半来支持你，例

第七章 让孩子努力学习还是误入歧途?

如,陪你去参加难以应付的面谈,那就叫上一位朋友也可以,他不一定要参与讨论,但如果你不是自己一个人单独去,你的感觉会好很多,而且事后他们也许能给你一些有用的反馈意见。

● 如果你没有获得所有的父母权利,那也不要认为你就什么也没有得到。

第八章 青春期出现的严重问题

本书写到这里,我希望它能让你更加自信地为人父母,而且你与孩子之间的关系能有所改善。

但是,即使是最坚定的父母有时也不得不面对一些令人痛苦的棘手问题。这一章的内容就是围绕那些难以解决的问题而写的。

没有神奇的解决办法,这是首先要声明的,而且在一些情况下,根本没有解决办法,原因就是这些问题引起的压力是无法解决的。你的目标就是用所有的能力和知识与孩子达成可行的相互妥协,妥协不是你和孩子单方面的妥协。

无论如何,你都不能指望只依靠自己来做事情。你可以寻求专业人员的帮助。所有父母都要明白的一个道理是:无论你面临的问题是什么,你不是第一个面临这个问

第八章 青春期出现的严重问题

题的人，也不是最后一个。勇敢面对！有一些机构可以为你提供一些实际的信息、建议和支持。

什么引起了压力？

在我们仔细探讨那些最难解决的问题时，有一些基本点可以给你提供理解问题的背景。青少年时期是一个疾风暴雨期，孩子要处理角色上的转变，他们要从相对无力、依赖变成有责任和独立的个体。前面的章节中，已经谈到儿童期创造的生活脚本形成了我们的人格。生活脚本在青少年期得到扩展并固定下来，为成年期做准备。我们生活在一个复杂的世界，有时难以预测存在的潜在危险。想象一下会发生什么：如果一个成人每次在超市都得不到他们想要的东西，他们会赖在地板上又踢又叫地发脾气。你也许很多时候也这么想，但是你从来没有这样做过！

因此，青少年时期是孩子学会关心自己的阶段。

想象一下，自己是一个小孩子，待在一个像托儿所的房间里。你知道里面的摆设和你所有的玩具都在里面。想一下这个房间多么舒服，多么满足你的需要。现在看着自己慢慢变大，慢慢发生变化。很快这个房间不再能满足你的需要了。房间里的家具太小了，你不再想玩那些玩具了等等。必须保证当你长大后房间还适合你吗？你可能想把一些家具拿走，扔掉一些玩具，撕去一些墙纸。假设这样的话，好像生活会一度全乱了套，特别是那些对房间很熟悉的人更是如此。下一步你可能会放进一些新摆设，贴上新的墙纸，改变画的颜色。你可能会留下一些用惯了的旧家具和特别喜欢的玩具。你会重新布置房间，你

还可能反复这样做，直到满意才肯罢休。你可能会一直对房间做大大小小的改变，最终个个摆设都符合你的要求。你会慢慢习惯这些变化。

从儿童期的依赖到成人独立的变化过程需要生活脚本也相应发生变化，因此许多年轻人经历了一个从人格混乱、重新组织再到人格统合的过程。仔细观察这一过程，它还伴随着青少年生理的变化，思维和理解能力的提高。

他们面临着一些艰难的任务，为了成功他们必须：

——意识到并接纳他们经历的生理变化。

——从经验中培养做判断和决定的能力。

——学会关心自己并获得安全感。

——意识到自己的生活责任，不再把错误归因于他人。

第八章 青春期出现的严重问题

——发展良好的同性和异性人际关系。
——探寻与其家庭和文化不同的价值观。
——性发育成熟。
——经济逐步独立。
——与父母分离。

这些过程受到阻碍时就会出现问题。

接下来,本章会重点提到那些最让人感到头疼的难题。每一部分都包含一些基本事实、一些想法以及一些供你和孩子参考的行动计划。

难题1:性

了解性

一般来说,孩子长到十几岁就会了解和性有关的事情,同时会为生理和情绪的变化做好准备。适当和准确的性教育是很重要的。如果你的孩子获得信息的主要渠道是其他孩子,那他们有可能会得到一些错误的信息,这些错误信息又可能会引起孩子的困惑、担心和罪恶感。

孩子需要正确了解性器官的构

造，有关生育、避孕、性交、怀孕以及性传播疾病危险的知识。知道这些还不够，他们还需要一些机会来谈谈恋爱关系和性责任感的重要性。有人认为父母是给孩子进行性教育的最佳人选，但是性的隐秘性使一些人感觉非常尴尬。孩子也感到尴尬而不敢问一些问题，而这些问题恰恰是他们特别想了解的，并且父母或老师自己也非常清楚孩子想知道，但也不愿意提这些问题。

这个练习是教你把自己的情绪和想法进行分类，看看它们是如何影响你对孩子的性教育的。针对下面提出的话题来完成这三个句子（可以加入一些你想加进的话题）。

1. 我对此的想法是＿＿＿＿＿＿＿＿＿＿＿＿＿＿

2. 我对此的情绪是＿＿＿＿＿＿＿＿＿＿＿＿＿＿

3. 我知道这是＿＿＿＿＿＿＿＿＿＿＿＿＿＿＿＿

性混乱、婚前性行为、意外怀孕、堕胎、对待性的双重道德标准、同性恋、避孕。

假如你愿意利用这个练习的机会来和孩子讨论一下，那么当孩子和你的意见不同时，就试着理解他们的想法。可以让他们做进一步的解释："告诉我你是怎么想的……""你这样说是什么意思……"记住，你有权坚持你个人的想法和情感。你孩子也有坚持他（她）想法的权

第八章 青春期出现的严重问题

利,你的责任是要确保他们的想法是基于正确的信息而来的。通过前面的练习你可能会发现你所掌握的信息并不能满足你的需要,或者你对自己的想法也没有太大的把握。找到一些事实来支持自己的想法。要意识到这点:对事情带有强烈情感的话可能会很容易忽略一些事实。你也会看到,即使你掌握所有的事

实,也很难确保自己的想法一定是正确的。虽然许多与性有关的问题很难回答,但是这些行为又都是非常自然的。例如,你了解终止妊娠的一切知识,但仍然难以判断你是否赞成在任何情况下的堕胎。

父母行动计划

● 回想一下你告诉孩子的有关怀孕、生育控制、堕胎、性传播疾病的内容,你说的全面吗?从孩子那里了解一下每个主题内容,这样你就可以再补充一些他们理解不够的地方。

● 如果你感觉和孩子谈论性很尴尬,想想看能否找一个人给你一些建议或者帮助你做这件事情。列出一个可以帮你的人的单子,例如,老师、家庭医生、当地的门诊医生或青少年的心理咨询师。

● 有一些很好的书,内容就是有关你如何与孩子谈论

性的，你可以参考一下。

性别认同（sexual identity）

所有的父母都希望他们的孩子健康而且正常地成长，一个助产护士告诉我几乎每个分娩后的母亲都会问两个同样的问题："孩子健康吗？""是男孩还是女孩？"

随着孩子慢慢长大，我们一直认为他们发展得很正常。其他人的孩子走路或说话比我的孩子早，我记得我是假装显得不在意，但是我还是禁不住担心，直到我的孩子也学会说话和走路。这种有关正常和异常的担心也会影响我们对待性的态度。性爱和性行为有许多不同的方式。大部分人是异性爱的，也就是说，被异性的人吸引。一些人喜欢同性，并发生同性性行为。另一些人是双性恋，既被同性吸引也被异性吸引。

许多年轻人在青春期都尝试过同性关系，这是他们成长的一部分，但最终他们发现自己认同的是异性爱。而一些人会保持同性性别认同，成为一个女同性恋者或男同性恋者。

对于那些同性恋年轻人的父母来说，他们的孩子不正常让他们非

第八章 青春期出现的严重问题

常害怕,而且非常焦虑。因此有必要来考虑一下"正常"的含义。每个人都对"什么算是正常"有自己的看法。对一些人来说,正常意味着"和我一样的就是正常的"。有些人认为"大多数人的行为就是正常行为",有些人认为,处于一个平均水平为正常。

即使能够做到尽可能的客观,但是准确地定义"正常"并不是那么简单的事情。界定正常的性行为也是一件很复杂的事情。例如,一些异性恋者认为,任何喜欢同性的人都是变态,因为他们和自己不同。

然而,金赛(Kinsey)的研究报告表明,只有约50%的人是绝对的异性恋,46%的人是双性恋,4%的人是绝对的同性恋,37%的男性有同性性行为经历。这个研究报告是在1948年发表的,是对几千名美国人访谈后得到的结果。

1948年那个时代人们的态度和价值观比现在自由。在英国同性恋仍然是合法的。这样,同性恋是变态和不正常的说法就有疑问。目前有许多研究倾向支持金赛的研究发现。

常常可以从前几个时代的历史了解到同性恋的人与这个时代社会的期望有所不同。对他们自己以及父母来说,承认和接纳他们是同性恋的事实是很难的。事实上，许多男、女同性恋者从来没有和自己的父母谈起自己的性取向。他们要么和父母不再联系，要么是过着"双面"的生活，这样做的目的是为了保守秘密。这两种做法都不利于建立和增进亲子关系。

每个人都要理解并接纳他们的性别认同。

父母行动计划

● 如果你的儿子或女儿是同性恋，那你不能通过你的人格力量、争论或情感来改变他们。最能帮助他们的是开放的思想和公开的讨论。

● 考虑一下心理咨询能否帮你调整一下。

生育控制

十几岁的青少年应该学会避孕，这是他们性教育的基本内容。对许多父母来说，与其说是教会孩子生育控制，还不如说是要发现孩子是否实际已经采用了。在孩子那里发现一包避孕套或药片算是个证据，至少他们正在考虑。如果还没有采用，他们也是处于性亢奋时期。对有些父母来说，这是他们必须承认的事实，他们的孩子正在走向独立，正在长大成人。

父母行动计划

● 如果你怀疑孩子正处于性亢奋时期，而你很关心生

第八章 青春期出现的严重问题

育控制问题,那么一定要保证你掌握了一些基本的事实,他们需要做决定。如果你发现很难去讨论这个问题,那么你可以放一些当地健康教育委员会制作的宣传册让孩子能看看。许多学校也会开设一些性教育课程,检查一下孩子上课学到了多少。

● 无论你对孩子有关性行为的想法有多么担心,在你和他(她)当面谈之前都不要轻举妄动。想想你的反应和你的焦虑与对儿女适当的担心之间有多大的关系。你的担心和孩子还年龄小有关系,或者你担心他们被他人利用。把你的担心告诉孩子并帮助他们思考要做出的决定。

怀孕

十几岁的孩子就能怀孕了,也确实有过孩子这么大就怀孕的情况。怀孕的年轻女孩可能产生恐惧、困惑、负罪感和孤独感。让孩子接受心理咨询是非常重要的,这样她能够决定是否要继续怀孕还是要终止怀孕。这是一个重大的决定,也许这可能是她生命中要做的最大的决定了。结果对她来说很重要,她需要尽最大的能力做出决定。如果你反对她继续怀孕,那么会倾向于劝说她堕胎。尽管你认为你的理由非常充分，但是如果她感觉她是被人要求匆忙做出决定的，她可能永远都不会原谅你。

父母行动计划

● 如果已经做出堕胎的决定了，那么越快越好。你的角色就是要支持和安慰她，特别是在堕胎后她比较抑郁的时期。

● 你要和她讨论一下避孕的事情，这一点很重要，这样以后她再怀孕就可以是在计划内了。

● 如果决定继续怀孕，那么她就需要你的照顾。

● 让孩子出生后由别人收养也是可能的另一个选择。如果发现怀孕太久不能再终止怀孕，而女孩也不想要这个孩子，那么可以给孩子办理合法的寄养手续。这可以由当地的社会工作者来完成。

性传播疾病（STDs）

这也是让人担心的一个问题，它也和性行为有关，也应该让你的孩子有所了解。许多疾病都能通过性行为方式传播，结果可能造成轻微的不适也可能引起极大的痛苦甚至死亡。有一些疾病很容易治愈，有些就很难了。

性传播疾病在所有主要医院里都设有特定的诊所，接受检查、诊断和治疗。医院会严格保护患者的隐私，但是因为性传播疾病的高传染性又需要调查所有和感染者有过

第八章 青春期出现的严重问题

性接触的人。梅毒现在看来已经很少了，如果诊断发现早那是能治愈的；淋病是很容易治愈的；疱疹不可治愈，但是经过治疗一般都能够减轻症状，而且疱疹很少致命，生殖器疣是由病毒引发的，它需要治疗，因为它和宫颈癌有一定的关系；滴虫病、非特异性感染（NSU）、霉菌性口炎、膀胱炎都能治愈。

目前，艾滋病是不可治愈的，它是目前通过性接触传播的最让人担心的一种疾病。

艾滋病（获得性免疫缺陷综合症，Acquired Immune Deficiency Syndrome）是人体自然抵抗力被破坏的结果。它由人体免疫缺陷病毒引发。艾滋病主要通过性接触传染，也可以通过被感染的针头传染。目前还没有证据表明通过拥抱、共餐、共饮或坐便器能感染艾滋病。

为了控制艾滋病的传播，医疗单位、教育部门和政府采取了许多措施。他们呼吁那些性行为活跃的人实施安全的性行为，并分发了大量相关的宣传册和海报。

父母行动计划

● 目前，我们谈到的多数问题，凭借你的力量还不能完全解决。你无法阻止你孩子发生性行为，只要他（她）

愿意；而且你不能保证他（她）不感染上性传播疾病。你的主要责任就是确保你的孩子能够得到一些安全性行为的信息并且有机会和他人讨论，得到他人对他们不理解的问题的回答。

● 以下是要告诉你孩子的几件事情：

——和一些不认识的人临时性交是很危险的。如果他们的确那样做了，他们应该使用安全套，并且也让对方加以防护。

——如果有感染性传播疾病的危险，那么最好能去专科门诊接受检查。因为性传播疾病的症状范围很宽，有时候根本没有任何症状，所以自己诊断非常困难。

——有些疾病如果不接受治疗的话可能导致不孕。

——一次治愈性传播疾病并不能保证不再复发。

——尽管没有症状表现，性伴侣也应该接受治疗。

——早治为好，大部分治疗并不是特别痛苦或难受的。

——去专科门诊部需要医生的推荐信。最方便的方法是在电话黄页上查询，在"性病"一栏查找，或者和当地医院联系申请专科门诊。

● 如果你怀疑或知道你的孩子已经患有性传播疾病，那就一定要让他们去接受治疗。

第八章 青春期出现的严重问题

乱性（promiscuity）

虽然成人担心的常常是女孩的行为，但男孩和女孩都有可能对性伙伴不加选择的情况。这是社会上存在的对性行为观念的混乱态度的一个例证。

精神分析治疗者认为年轻女孩的乱性是一种寻求帮助的呐喊。对女孩子来说，最初的性行为可能是令人尴尬、让人困惑甚至让人感到痛苦的，特别是如果她们没有接受过真正的性教育，没有人可以谈论感受时，那这种状况就更容易发生了。年轻男孩认为这可能是显示他们是"真正的男人"的唯一方式。知道或怀疑十几岁的孩子乱性会让人非常担忧，不仅是因为这可能会引起即时和长期的情绪问题，而且还因为这样会面临怀孕和患性病的危险。

父母行动计划

- 除了跟你的孩子谈谈以及讲几个例子之外，阻止他们不要乱性并不是一件容易的事情。你可以给孩子制定一些规则和时间限制，但性行为当然并不一定只发生在晚上，规则太多了就可能成为对孩子的独立性发出的挑战。

● 如果你很担心，那么你也可以寻求家庭医生或心理咨询人员的帮助，或者参加一些自我帮助机构组织的活动。

难题2：心理问题

我们已经说过，青少年时期是一个发生巨大变化的时期，在这个时期，年轻人可能体验到心理困扰。无论是短期还是长期的困扰，都不可避免地引起父母的痛苦情绪。

精神上的痛苦可能和生理病痛一样让人难受，但是人们很容易从表面上归因，认为问题并不大。这就造成了要描述和承认有心理问题的症状很困难。这里有一些最普遍的例子。

抑郁

十几岁的孩子经常是情绪化的，因此当一个年轻人真的严重抑郁时也很难看出来。

这有两个少年人在描述他们抑郁的经历。

珍妮弗：我所有的想法都是消极的。我想到自己时，我恨自己；想到别人时，我也恨

第八章 青春期出现的严重问题

他们。被别人打扰时我什么都做不下去,因为一切都没有什么意义。我无法忍受和他人待在一起,我也讨厌独自待着。我总是一遍又一遍地想着同一件事情。我知道周围的人要努力帮我,但他们让我感到很烦,我知道我做得不对,但是我又无法自制。

艾伦:我并不是真的感到生气或难过。我对任何事情都没有热情。生活是灰色的,我总是感到非常累。每件事情都那么麻烦,我看不到努力的意义和价值。我不想和其他人接触,即使其他人跟我说话。好像我所在的世界与他们的是不一样的。

抑郁引起了一系列痛苦的情感:绝望、无助、无望、负罪、自责、害羞、空虚、不被人关心、无价值感、卑微感和绵长的思念。有时抑郁是有原因的,但有时候又无法找到抑郁的外在原因,好像抑郁来源于人的内心深处。

抑郁也可能有生理原因。营养不良、基因改变、流感等疾病,以及荷尔蒙平衡破坏都可能引起抑郁。冬天白天日光不足已经被认为是引起一些人抑郁的可能因素。这就是人们所知道的季节性情感障碍(SAD)。许多专家认为丧失和未解决的伤痛是主要的原因。所有的人面对丧失都会产生复杂的情绪反应——伤心和愤怒,也或许是恐惧和罪恶感。这些情感是这一过程中自然会出现的，我们通常用某些方法来调整这些情绪。如果有一些人做不到，那么他们就可能长期抑郁。

在青少年时期，孩子的得与失差不多。他们不再像儿童期那样依赖于父母了。一群青少年谈论他们青春期的感受，沙龙说："我想起第一次我可以进入成人图书馆的情景。我真的很高兴，感觉自己长大了。但是当我要从书架上选一本书来看的时候，我找不到我喜欢的作者写的书。书上都没有图片！简直太令人吃惊了，我突然觉得很伤心，好像我喜欢的一切都消失了。那时就感觉长大也并不那么好玩！"

当然，这并不是什么重大的创伤性事件，这些情绪很快会过去，沙龙会继续读书，不会有太大的问题。但是，这个例子让我们看到生活中的的确确存在大大小小的丧失，它们是生活中的必然阶段，我们要面对，之后我们就开始另一个阶段的生活了。

早期的生活经验也是抑郁的一个可能的原因。例如，有时发现，在儿童早期，孩子感到伤心难过时会受到过很多关注。这些经验就形成了他们的生活脚本，他们长大以后就会寻找机会重复这种模式。

第八章 青春期出现的严重问题

抑郁的另一个原因是指向内心的愤怒。愤怒是一个人受到威胁或心存挫败感的正常反应,不能或不愿意向外表达愤怒的人就会把愤怒转向自己。

无论抑郁的原因是什么,和抑郁的人生活在一起并不那么容易。他们慢慢就会变得喜欢抱怨,提各种要求,容易发脾气,没有耐心,冷漠,缺乏生气,显得不积极,甚至他们即使身在一个地方,他们的内心也好像还是活在自己的世界中。抑郁的其他症状包括没有食欲或者暴饮暴食,经常吸烟喝酒,睡眠不规律等。

父母行动计划

● 给一个抑郁的青少年提供支持,是一个和他建立亲密关系的好机会,但是也可能会给他非常挫败的感觉。最后,如果你的努力被拒绝了,你也可能变得非常抑郁。

● 抑郁的青少年不需要知道你爱他(她),这样的人有时候很难面对,他们的行为可能很难让人接受。花一些时间和他(她)待在一起,以此来表达你对他(她)的接纳,耐心倾听并表达出你内心的情感。

● 为了让他们好起来,要鼓励他们做出改变。对他们身上任何积极的行为和打破常规的活动都要给予鼓励。如果让他们参加一些当地的自我帮助团体的话,那么改变起来可能会容易一些。如果你觉得他们可能会不听你的建议,那么可以随意地让他们听听讲座报告。

● 不要因为他们"振作不起来"就责备或批评他们，这样做从来起不到好的作用，反而会增加他们已有的心理负担。尽管抑郁的人常常拒绝接受赞扬，但赞扬比批评对他（她）的影响更有效。

● 心理咨询与治疗可以帮我们认识抑郁的原因，并且应对抑郁带来的影响。你可以鼓励孩子利用咨询与治疗的帮助。

● 注意一下你要替孩子做多少决定。例如，有时候为了避免发生问题，你必须快速地采取行动。这些事情对你而言就好像接电话一样容易，但要督促孩子去做可就难了。这样做会让孩子停留在抑郁状态里。

● 抑郁带来的问题解决起来并不容易。和其他人聊聊会减轻一些压力，通过交流可以让你对自己的想法清晰起来。如果你怀疑孩子的行为不仅仅是他（她）情绪化的表现，那么你可以向家庭医生咨询一下，或者跟心理咨询师或治疗抑郁组织取得联系。即使你的孩子可能不配合治疗，你也能从中获得一些支持和指导，而且这也有利于你对孩子问题的认识。

● 不要忽略你自己的需要。抑郁的人一般会有一套办法把其他人也拉下水。把你的担心和朋友分享一下，如果有人愿意分担你照顾抑郁孩子的责任，那么让他也参与进来。

焦虑

焦虑是我们常常体验到的情绪。遇到陌生人、参加新活动以及考试都可能引起孩子的焦虑情绪。焦虑在很多时候都是有利的。一定程度的紧张可以让你更加小心而保持觉醒状态。但焦虑引起了思维困难就会产生问题。

焦虑和恐惧是有关系的，恐惧是战-逃反应的一部分，它是人们面临威胁时出现的反应。无论什么时候感知到威胁，人体都会自动反应：肌肉紧张，随时准备行动；心跳加速，血液停在肌肉和大脑；呼吸急促，需要更大的供氧量；出汗阻止身体过热；消化系统功能下降；嘴干舌燥；荷尔蒙肾上腺素分泌；生理反应加快。这就是我们都知道的战-逃反应，这样说的原因就是这些反应让我们准备与敌人战斗或者逃离。当危险一过，所有的反应都恢复正常。

如果由战-逃反应产生的能量没有被消耗，那么人体的生理和心理还是会紧张，同时精神亢奋。这就是我们常说的一般意义上的焦虑。焦虑的后果同样会让人不开心或者感到担心害怕。

父母行动计划

● 假设你的孩子很焦虑，试着讨论一下孩子真正害怕的是什么。焦虑可能由一些很不起眼的问题引起。如果引起了一些麻烦，那就和孩子讨论一下他认为怎么做最能帮助他（她）。

● 如果你的努力几乎没有什么用，那么可以建议你的孩子去见心理医生，他能够找到问题的关键。

精神分裂症（schizophrenia）

精神分裂症的发病年龄通常是在成年早期。一般有三个症状：第一，幻觉（看到不存在的东西，听到不存在的声音，闻到不存在的气味）；第二，错觉（固执，不愿放弃错误观念）；第三，思维障碍（其想法、情感、行动都被一种极强的力量控制，有时还会伴随一些信念，认为他的想法已经广为散布了）。

精神分裂是让人害怕的一种问题，不仅是对患者，对他（她）身边的人也是如此。另外，家庭医生会向你提供最大的支持。国家精神健康委员会（National Association for Mental Health）是处理精神疾病最权威的资源。

进食障碍（eating disorders）

神经性厌食症（anorexia）的表现就是极度节食，女孩的发病率高于男孩。似乎人们都一致认为理想的女性身材要苗条柔软，因此许多年轻女性认为只有瘦才能被别人所喜爱。许多青少年也节食。但厌食不仅仅是节食。厌食的结果会严重限制食物摄入量，而且还会通过呕吐或吃泻药来达到食物消耗。厌食症会导致体重严重下降，生理周期破坏，失去性欲，脱发和浑身无力。如果得不到控制，还会导致死亡。

贪食-厌食症是另一种类似的心理问题。贪食-厌食症会像厌食症一样限制食物的摄入量，但也会无法控制地暴饮暴食并且经常吃泻药，直到他们打破这样的模式。

精神分析学家认为一些女孩患有厌食症，是她们逃避独立和成人责任（特别是对性）的一种方式。厌食的表现就像一个小孩子一样，厌食的女孩把她们的生理发育停止和月经紊乱看做是一种成功。另一种情况下，问题围绕权利而展开：生活没有安全感的女孩认为患上厌食与贪食-厌食症是她们对生活的一种控制手段。

可以寻求家庭医生和心理咨询师的帮助。

自杀（suicide）

也许这是父母要面对的最痛心的情况了。作为一种自然规律，孩子长大了就要承担成人的责任了，这时候父母老了，就要完成他们的任务和责任了。一个孩子比父母死得早就意味着这种自然的过程没有完全实现。如果孩子死在父母手里，那还会给父母带来更大的创伤。

15~19岁之间的青少年自杀率非常高。撒马利亚（Samaritans）慈善咨询中心掌握的数据显示，每个月中有3个16岁及16岁以下的人自杀。他们自杀的原因并不奇怪：亲子冲突、孤独、恋爱关系破裂、考试压力。

有许多自杀尝试最终没有成功。精神分析学家把这种尝试看做是寻求帮助的呼声，自杀者希望能够吸引他人的注意力，让人知道他的绝望感和用其他方式不能沟通的现实。

自杀所带来的威胁非同一般，并且如果你觉得自己不能帮助孩子或者满足孩子的需要，那么你可以与撒马利亚取得联系。你也可以考虑让孩子接受长期的心理咨询与治疗。

难题3：成瘾行为（addiction）

毒品（drugs）

怀疑或发现你的孩子正在吸毒，这是另一个可能会让你心脏停止跳动的事情。对于父母来说，要面对这样的事情真的很难，因为由此会产生一些非常可怕的联想。看到或者听到一些能获得毒品的地方的信息如酒馆、酒吧、聚会、街角，都很容易让人的恐惧达到极点。

大多数年轻人吸食毒品都是尝试一下而已，许多年轻人只是在一段时间内有这样的行为，大多数人都属于这种情况，不会引起延续的问题。事实上，在生活中，我们每一个人几乎都尝试过一两种成瘾物质，如烟、酒、安眠药等等。大多数人都不会成瘾的。十几岁的孩子做同样的事情的原因可能与我们是一样的：为了放松，缓解压力和紧张。有时候他们会尝试一些不合法的药物来表现逆反，有时是为了取悦朋友，或加入一个同伴团体，有时只是出于好奇。十几岁的孩子一定会时不时地感受到压力、挫败或者烦躁。当有人（也或许就是一个朋友）给孩子一件"有趣的"并且"其他人都接受"的东西，孩子是很难拒绝的。

发现孩子吸毒

发现孩子吸毒常常并不那么容易，因为许多迹象也是孩子正常成长中的表现，所以不能太快地做出结论。如果你接着读下去，你就会想起孩子会有以下一些迹象：

——情绪突然由开心变得闷闷不乐，从精神十足变得毫无生气。

——易怒、富于攻击性或滔滔不绝地说话。

——没有胃口。

——对以前觉得很重要的事情失去了兴趣，如对朋友、学校、爱好、运动。

——睡眠过多，且没有什么规律。

——撒谎或行为偷偷摸摸。

——在孩子身上或衣服上发现特殊的污渍、气味、迹象。

第八章 青春期出现的严重问题

——家里的钱和有价值的东西不翼而飞。

——不同寻常的药粉、药片、胶囊、针头或注射器。

父母行动计划

● 当别人提供毒品时,许多孩子都会拒绝,但一些孩子就很难坚定地说"不"。教会你的孩子说"不"对他(她)很有帮助。

● 你也知道,在一个不合适的时间说错一句话就可能让孩子变得很反叛。假设你怀疑孩子吸食毒品,和孩子谈话的时候一定要小心行事。如果你发现孩子正在吸毒,你一定会很伤心、气愤并且担惊受怕,但要尝试做到别让感情操纵了你的反应。相互指责可能会一无所获,也解决不了问题。在和孩子对质之前,和你的伴侣讨论一下,看看可以做什么、可以说什么。如果你是单亲家长,那么和一位理解你处境的朋友聊聊。和医生、其他为人父母的人、孩子的老师说说你的想法也可以,从他们那里你能够得到一些信息用来解决问题。你也不想因为一个没有得到验证的猜测把一个本来很小的问题弄得太大吧?如果你要和你的孩子说起这个话题,那就要找出他(她)吸食的毒品,并要确定吸食的频率和原因。尽可能保持理性和平静,因为只有孩子感觉到你能理解他(她),他(她)才可能愿意和你坦诚地谈论这件事情。

● 如果非常确定你的孩子只是在尝试阶段,那么就没

帮助孩子度过青春期

有必要认为他（她）已经上瘾了。但是，这也是一个和孩子谈谈的好机会，让孩子知道你理解他们，重新声明一下你的观点，也说说你担心和害怕发生的事情。强调你对孩子的爱和关心，让他（她）不再和你对抗。

● 另一方面，如果你发现孩子正在定期吸毒，那么你就要寻求专业的帮助了。你会发现凭借你自己的力量很难应付。往往最后实在没有办法的时候，一些父母真的会求助于警察，采取极端行动来解决问题。你要清醒一些，如果孩子在家里吸毒，你可能被控告为帮凶。毒品成瘾后会让孩子养成欺骗、造假、撒谎、偷盗的坏习惯，生活也可能变得让人不堪忍受。

● 以下列出的"要做"和"不要做"的事情选自由DHSS（现在叫DSS）制作的宣传册。

思考一下你对毒品的态度。孩子可能会认为毒品和你抽的烟、喝的酒一样没有什么太大的危险性。

回忆一下，从医生那儿开的镇静药是一个诱惑。解释一下吃这种药的严重后果以及你需要吃的原因。

想想如果你的孩子吸毒你会有怎样的反应。

花点时间和孩子讨论一下这个话题，争论并不能消除

第八章 青春期出现的严重问题

顾虑和解决问题。

不要把吸毒引发的恶劣后果想得那么简单。对于一个吸毒的人来说,是很难相信吸毒的后果的。

吸毒胶

吸毒胶是指吸入由一些胶和其他家用物品和工业产品溶剂散发出来的气味。为了获得好的感觉而从一些物质中吸取烟气,事实上,这由来已久。例如,在一些宗教节日烧一些薰香是非常古老的仪式。但是吸毒胶可能引起很严重的后果,不能忽视。

和其他成瘾物质一样,年轻人开始吸毒胶的原因也是因人而异的。好奇心和烦躁可能是吸食的最初原因。主要的诱惑之一可能通常是它作为一种团体活动,为孩子提供了一种社会生活。想成为一个团体的一员的愿望会激发孩子想吸食毒胶,这种想法只是虚有其表,并非孩子的真正本意。这种物质比毒品和酒都便宜,而且更容易得到。

尽管吸毒胶很少会有生命危险,但是还是会有严重的危害。对大多数人说,吸食只是偶尔为之,也只是他们在青春期的一种尝试行为而已。

最明显的迹象有:

——呼吸或衣服上有药味。

——有装溶剂的空瓶子随意扔着。

——出现少有的疼痛，鼻子和嘴旁发红或有斑点。

——不停地激烈咳嗽。

——体重减轻，没有胃口。

——说话吞吞吐吐。

——行为突然发生变化，不愿告诉父母自己去向的时候增加了。

——开始逃学或学习成绩突然下降。

父母行动计划

● 和对待其他的成瘾行为一样，不要那么快就凭借看到上面提出的一些迹象下结论，对此可能还有其他一些解释。

● 如果你怀疑孩子正在吸食，那么向其他父母、家庭医生、老师咨询一下，看自己的判断是不是准确。

● 当和孩子聊的时候，要努力保持镇定。鼓励他（她）和你谈他们自己担心的事情和遇到的难题。把你的担心告诉孩子，并努力想想孩子从吸毒胶中获得的是什么。例如，是有了一个同伴团体可以加入，还是他们排解烦躁情绪的一种方法？

● 不要莽撞行事，但同时要清楚明白地表达你的感受。要意识到你的感受来自你对他（她）的关爱和担忧，而不是来自要控制孩子的欲望。

● 做一个有心人，尽可能了解孩子的行踪以及他（她）

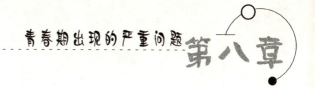

第八章 青春期出现的严重问题

正在做什么。

嗜酒

成年人几乎不会对喝酒像对吸食毒品或溶剂那样担心的,但嗜酒是有害的。也许因为喝酒是合法的,而且大多数成人社交时常常要喝酒,所以喝酒本身并不被认为有什么危险。对于十几岁的青少年来说,酒相对容易获得,也比较便宜,一旦他们到了一定的年龄,他们不会因为买酒或喝酒而触犯法律。

1985 年由 DHSS 制作的宣传册中写着:

超过 90% 的人都会喝酒。每个男性平均每天会喝一又二分之一品托啤酒,女性是二分之一品托的量。但是从医学角度来说,有不到二十分之一的人会过量饮酒(男性一天 4 品托,女性 3 品托),年轻一些的人喝得更多。在十几岁的后几年和二十几岁的头几年,饮酒量会比平均水平高出 40%~50%,而且醉酒和酗酒的比例会更高一些。13~16 岁的青少年每周至少喝酒一次,但是大都是在家里喝而且喝的量很少。尽管法律有所规定,但

还是有大约60%的低于18岁的青少年会在酒吧或卖酒商店里买酒。

即使是短期内喝酒也会产生一些让人担心的后果。酒精被血液吸收，5~10分钟就会产生作用，产生的后果根据酒量的大小一直会持续几个小时不等。

喝下大约2品托的啤酒，大多数人就会感觉放松了。再喝2品托的话，他们就会说话语无伦次，而且头脑就会变得迟钝了。情绪的反应可能会非常夸张而且容易发生变化。再多喝一点的话，就会走路摇摇晃晃，视线模糊，失去平衡。最后，这个人还可能醉得不省人事。

主要危险来自于喝酒引发的伤害、摔倒或行车。DHSS的宣传册上说："死于交通事故的大约三分之一的司机和四分之一的成人行人都被发现血液中酒精含量超标。"

"一醉方休"是一个众所周知的现象，它已经成为一个让人调侃的话题，但事实上这是一个最让人不快乐的经历。

长期饮用高酒精含量的饮品（男性每天5~7品托，女性3.5~5品托）会引发肝脏问题、溃烂、心血管循环问题以及脑损伤。

父母行动计划

● 戒酒匿名互助会（Alcoholics Anonymous，AA）编制了一个简单的问卷调查，调查的对象是青少年，调查的名

第八章 青春期出现的严重问题

称是"当喝酒成为问题时怎么办"。问卷设置非常直接，并明确提出了主要问题。如果你为孩子喝酒感到担心的话，那么你可以用这个问卷的问题来开始和孩子讨论：

1. 是因为遇到了问题你才喝酒吗？是为了有勇气面对压力吗？

2. 是对他人、朋友和父母感到愤怒你才喝酒吗？

3. 你常常喜欢自己一个人喝酒而不喜欢和别人一起喝吗？

4. 你学习成绩下降了吗？是你不刻苦努力了吗？

5. 你是否尝试过不喝或少喝一点？是不是没有成功？

6. 早晨或上班前你就开始喝酒吗？

7. 喝下酒的那一刻你会觉得很满足吗？

8. 你曾经因为喝酒而忘记一些事情吗？

9. 你不愿意对他人谈起你喝酒的事情吗？

10. 喝酒的时候惹过麻烦吗？

11. 你经常喝醉，即使是在事先没打算喝的情况下也喝醉吗？

12. 你认为你自己已经长大了，足以控制自己喝酒了吗？

● 戒酒匿名互助会是最广为人知的解决由饮酒产生问题的组织。他们对所有年龄段的所有人开放。尽管这

个组织的成员不是专业的心理咨询师，但是他们的确能够提供帮助，并通过团体活动提供支持。加入他们唯一的要求就是要有真正想戒酒的愿望。

● Al—Anon 是戒酒匿名互助会的分支机构，它是为有酗酒人的家庭服务，他们也出版了一本叫做"给酗酒者的父亲和母亲"的小册子。上面写道：

父母与孩子之间存在特殊的关系。彼此之间有着强烈的情感依恋，同时还伴随着很强的责任感。父母把孩子带到这个世界上，给予他爱和指导，看着他长大成人。当父母意识到孩子因为喝酒而陷入困境时，他们对未来的所有希望都破灭了。

难题4：违法

一些青少年不仅试图跨越他们与父母关系的界限，而且也会尝试超越社会本身的界限而成为违法者。

盗窃和财产损害是法庭上最常见的违法行为，其中最大比例的是盗窃。根据1987年家庭办公犯罪统计分类，4%的17~20岁人和3%的10~16岁人被宣判有罪。青少年（10~14岁的孩子是青少年，14~17岁是青年，17~21岁是年轻成人）和年轻女性犯罪的数字是总人口的1%。事实上，只有一小部分年轻犯罪者受到法庭的判罪，第一次犯法时，大部分的人是被警告而不是被起诉。接近70%的被警告过的年轻人不会继续犯罪，这个数字表明，相对于成年人，青少年犯罪是一个过渡阶段。

父母行动计划

● 了解你的孩子去哪里，在做什么事情。如果他们能理解你关心他们的安全，并且你没有超越他们的隐私界限，那么他们会更愿意和你合作，告诉你这些你想知道的信息。

● 既然你的孩子喜欢冒险，那就要试图确保他们知道警告信息的内容，并且找机会和他们讨论。要本着关心他们的安全，而不是试图控制他们的精神来做这些事情。

● 探讨反社会行为，谈论哪些人会受到伤害，为什么人们会感到不安。

● 尝试使用本书中已经提出过的建议，用这些建议鼓励你的孩子对他们的行为负责，这样他们将知道必须面对他们自己行为的后果。

● 分清重要和不重要的事情。奇装异服（对你来讲）不是犯罪，前卫思想和不良行为不是一回事。

让我们设想一下，你的努力失败了，你的孩子犯罪或者有反社会的行为，我们该怎么办？

警察

如果你的孩子触犯法律，首先，你可能会接到警察局的电话，或者警官会来到你家里。大部分触犯法律的年轻人将会被带到警察局。尽管有律师和社会工作者在，但父母作为一个成年人，如果有可能，必须在场。

不管罪行是否被认定，都由警官决定是否给青少年一个非正式的警告。如果罪行被认定，并且当事人不想被起诉，那么就会给予正式的警告。警告将被记录于个人档案中。这种情况要求父母在场参加，在警察局内，由一个高级警官给出正式的口头陈述。

如果青少年的行为被认为特别严重，那么警察将会把案件转交给法庭，由其来决定是否起诉。你会得到通知下一步要做什么。如果是让你去法庭旁听，而且你想咨询律师一些问题的话，那么你必须尽快联系。

法律援助

有一种政府援助计划，它让低收入者得到免费或者低价的法律帮助。超过16岁的人可以为他们自己申请法律援助，这些可支配的资金和收入是否能够得到取决于申请人是否符合条件。16岁以下的人必须通过父母、监护人或者照顾他们的其他成年人申请。

可以在听证法庭的负责办事员那里获得法律援助的信息。你可以在当地图书馆、法庭或者咨询中心查询法律援助律师的名单。当然，这个名单不会给出任何推荐的律师或者保证你一定可以找到律师。因此，你咨询当地的市民顾问局、青少年中心、法律中心或者亲戚朋友，也许会更有用。

上了法庭怎么办？

18岁以下的嫌疑人将在不公开的青年法庭进行审理。记者可以在场，但是他们的报道中不允许有任何可能暴露被告身份的内容。父母双方至少一个必须到场。出庭的法官不超过3个，其中一个作为主席主持法庭。开庭的方式是可以变化的，但是大多数相当正式，不会影响法庭气氛。

如果被告需要辩护，那么法官们将会考虑他们父母曾做过的积极的行为，如帮助修理损坏的物品，写给受害者的道歉信。其他表示自责或者懊悔的实证，都将可能影响法官的态度。

法庭听证经常会延迟，也许是几个月的时间，所以尽可能写下他们能记住的事情是个很好的办法。

如果孩子否认犯罪，那就要立刻联系任何对事情有帮助的目击者。指控一旦被认定，法官将获得犯罪情况的信息，孩子和他的父母有机会陈述，然后由法官决定接下来的事情。

如果犯罪事实被否认，那么目击者将被传出庭作证。孩子在父母和律师的帮助下，可以向目击者提问。当证物被呈堂，被告要宣誓说真话，讲出事情的经过并且回答法官提出的任何问题；或者也可以保持沉默。如果被告保持沉默，没有提出任何问题，并且也没有对他有利的证据，那么法官可能会判定他有罪。

不管是否陈述，被告有权传唤证人。证人必须宣誓讲真话，并且可以被提问。

被判定有罪怎么办？

如果法官发现年轻人犯罪了，那他们将考虑来自学校、医生、警官鉴定、社会工作者的报告。如果没有这些信息，法官可能延期直到获得这些方面的信息，也就是说，当各方面的报告准备好时其他人才能出席法庭。

下面是最常见的一些判决结果：

无罪释放：这不同于发现被告是无罪的，经常是当法庭认为没有进一步的证据能证明被告有罪的情况下做出的一种判决。这种结果对于被告的将来也不会有任何记录，

第八章 青春期出现的严重问题

不会影响求职之类的事情,也就是说,旧账都一笔勾销了。

有条件释放: 在被宣判有条件释放期间,被告不能再犯其他罪行。但是如果他还是继续犯罪,那么原来的罪行会被提交到上一次处理问题的法官那里给他执行新的处罚。

罚金: 尽管法官知道是孩子的行为应该受到惩罚,而不是父母受到惩罚,但父母或者监护人有责任为17岁以下的犯罪者支付罚金。

赔偿: 赔偿是对被害者所受到的伤害、损失或者损害进行补偿,它优先于罚金。先行赔偿可以减少罚金。

支付费用: 如果罪犯被要求支付罚金,那么所有的花费必须不能超过罚金的总数。

延期宣判: 如果法官有正当的理由,那么他们必须在法庭上公开陈述,宣判被告人最多只能延期6个月。最后的宣判将考虑他们是否符合条件。

被判到中心接受教导: 这个要求可以给21岁以下的有罪者。这个中心通常是由警察局负责的,目的是利用空闲时间来教导青少年更有建设性地利用娱乐时间。年轻人必须在特定的日期和时间到指定的地方,参加通常是两小时的会议。会议经常在星期六的下午,总共的时间不超过 24 小时。这个会议经常在学校允许的情况下参加。缺席将导致重新上法庭。

接受督导:在法庭规定的一段时间内由社会工作者对青少年进行督导。宣判接受督导需要一个条件,那就是要接受"及时的治疗",这就意味着他(她)需要参加一些团体活动,有些活动要求离开家一段时间。接受监督也可能可以继续上学。监督令由社会服务机构进行监控。

接受照顾:接受照顾的作用是将父母对孩子关心的权力移交给当地的机构。当地的机构通过社会服务部门执行,可以决定如何对孩子实施照顾。由机构决定孩子住在哪里:家里或养父母家里,或由机构提供的住地。照顾将一直执行到孩子 18 岁生日,然后由法庭废除。在照顾执行期间,父母失去所有的父母权利和控制特权,即使在孩子生活在家的时候也是如此。

进青年监狱:对于严重的罪行,14 岁以上的男孩和 15 岁以上的女孩可能被判入青年监狱。

提供社会服务:16 岁以上的犯罪者可能被判在 12 个月内无偿为社区服务 40~240 个小时(16 岁为 120 个小时),这期间由监护服务机构对此进行监督。这只有在罪

第八章 青春期出现的严重问题

犯同意并且有合适的工作情况下才可以执行。

抵押金：年轻犯罪者可以抵押一定数目的钱，在最多一年的时间内保证安宁和行为端正。年轻犯罪者的父母可以抵押一定数目的钱，来保证他们对孩子行使责任。如果父母没有尽到保证孩子去学校的责任，那这些钱将会被没收。

申诉：可以对宣判和判罪进行申诉，但要按照律师的指导进行。有效的申诉必须在法官判决的21天内提出。

父母行动计划

这些看起来都是那么令人沮丧，但是如果你的孩子真的违法了，记住以下需要遵守的原则：

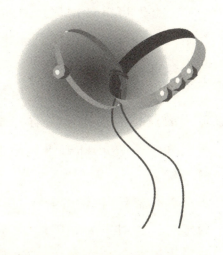

- 不要立刻假设你的孩子是有罪还是无辜的。尽量发现更多的事实。不管你的孩子做了什么，都是有原因的。和你的孩子探讨和发现这些原因将帮助你确定怎样做才是最好的。
- 如果你需要法律方面的意见，请尽快联络律师。
- 鼓励你的孩子对他的行为负责。

- 查看相关的法律条款。
- 设置清晰一致的界限，让孩子知道你的态度。

发挥父母权威的作用

我们在这章所提到的情况，可能会让你感到要发挥父母权威变得更困难，因为他们引起的这些麻烦击中了父母心中最关注的问题——孩子健康快乐地成长。

如果这些事情发生在你身上，请记住：

- 你不是孤立的。你要确信孩子所经历的任何困境都是其他人曾经经历的、正在经历的或将要经历的过程。

- 有人可以帮助你。对照这章提出的大部分问题，我都给出了能够帮助你、给你建议和支持的组织。这些组织的存在就是为了帮助你。

- 你能够应付得了。你可能感觉不能应付这些问题带来的负担，但事实是你一定可以。用这本书中的办法帮助你维护你的自主权，即使在最困难的时期你也要坚信不疑。

- 不需要内疚。内疚、厌烦掺杂着害怕、自责和遗憾的感受，这对于处于困境中的父母会有一些打击。如果你回过头去看，你会发现，你总是能利用做父母的一切资源把事情处理好。你可能会意识到现在的事情是你经历过的最困难的，但是"后知之明"总是无用的。不要让自己沉

第八章 青春期出现的严重问题

溺在内疚的情绪中,和你的孩子交谈一下,他(她)会感受到你的关心和你希望他们遵守的做事原则。这就是你的职责。你无法对你子女所做的决定负责。

一般原则

- 保持冷静。恐慌只会把事情变得更糟,因为你会发现要想理性地解决问题更困难了。

- 保持交流。你和子女谈得越多,你对问题真相了解得就越多。他们也会更清楚自己行为的后果。

- 提供支持。对孩子表现出你的关心,并且让他们感受到你在乎他们。也许有时你会做出决定,你认为解决问题唯一的办法就是拒绝或者把他们赶出家门,但是请你不到万不得已的时候不要这样做。

- 承认你的弱点。需要的话,你可以寻求专业人员的帮助。不要认为你能处理所有的问题。这样,如果你失败了,你就会变得沮丧,并可能放弃所有的努力。

- 弄清楚哪些问题是你的,哪些问题属于你孩子的。把存在的问题分清楚,不要去承担那些属于孩子问题的责任。

- 坚持。如果你对解决这个问题已经有想法了,就不要动摇。坚持下去,直到你证明它不能解决问题或者你想尝试另外一种方法为止。要让你的孩子明确知道你的想法，并知道你为什么这么决定。如果你改变主意，那就告诉他你在做什么，为什么这么做。

求救！

现代社会，人们很难去向他人求助，因为人们相信自己能够解决问题，如果解决不了，那他们就会认为自己在某种程度上无能或软弱无力。

这意味着如果我们需要一些帮助，而我们又距离很远，或者当我们最终找到某些人帮我们的时候，反而觉得尴尬或者羞愧。珍妮——一个吸毒孩子的母亲说道：

"我斗争了几个月想处理这些问题。我不想告诉任何人，因为我想他们会认为我完全失败了。别人的孩子看起来都是那么友好而且行为良好。最后，因为我感觉自己病得很重，所以去看医生，医生鼓励我谈起艾美。和别人谈的时候我感觉大为释怀，并且我感到很惊讶，她竟然能理解我，还让我接触到一些真正能帮助我的

第八章 青春期出现的严重问题

人,他们给我提供了一些可行的建议。根本没有人批评我,而批评和指责正是我最害怕的。当然,艾美还是有问题,但是现在我不会感到那么孤单了,我对未来充满希望。"

如果你对寻求别人的帮助感到焦虑,请记住:

● 医生和其他专家也是人,我们和他们最大的不同就是他们读过许多书,做过试验,并且在特定的领域有专业经验。

● 如果没有有问题的人,那么专业的帮助者就不会存在,他们需要我们就像我们需要他们一样。

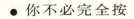

● 你不必完全按照他们给出的建议做,这些建议也只是可能是最好的。记住你的观点和其他人一样有效——事实上也许更正确。毕竟你比任何专家都更了解事情本身。如果你想尽可能多地得到建议,尽管去寻找吧。

以下是可能对你非常有帮助的一些人的信息:

家庭医生:不要犹豫,你可以在任何影响你或你家人的健康问题上求助家庭医生。即使他们不能给你提供需要的特定帮助,但这常常是最好的开始,家庭医生了解其他的能提供帮助的一些机构和个人的信息,而且知道下一步你该怎么办。

社会工作者:社会工作者角色的范围是相当宽的。他们关注住房、教育、身体和精神健康、收养、抚养、子女教导,并且为法庭工作。另外,如果他们不能帮忙,那么他们经常可以提供非常好的帮助信息。

精神和心理健康工作者:这类人包括精神病医师、心理咨询师、精神治疗医师和心理学者。他们之间有一些不同。

精神病医师:他们是训练有素的医生,他们是专业治疗精神疾病的人——就像别的医生的专业可能是妇科或者外科那样。患者经常用怀疑的、不信任的眼神看待他们,因为社会上总是对任何精神疾病都感到非常紧张。他们会采用很多的治疗方案,包括药物治疗,有时可能需要住院治疗,有时是个体治

第八章 青春期出现的严重问题

疗。一般情况下,你可以通过你的家庭医生来寻找精神病医师。

心理咨询师:他们可以帮助人们更好地理解自己。他们通常通过鼓励人们谈论他们自己来解决问题。他们愿意关心来访者日常的事情和问题,重点是帮助患者建立管理他们自己生活的能力。如果你自己找不到,你可以向英国咨询联合会(British Association for Counseling)有注册的咨询师咨询。很多组织可以帮助父母或者子女联系咨询服务。

精神治疗医师和心理咨询师的工作非常相似,一般来讲,如果患者想在他们的个性或者行为上有重大的改变,精神治疗医师能在更深的精神层面上帮助患者。他们经常通过了解个人经历,了解过去的孩童时代来帮助患者理解他们自己。他们的重点也是鼓励和帮助人们对自我负起责任,而不是仅仅提出建议。

心理学者们更关心研究人类的行为。他们通常不是按照医生的模式来接受训练的。他们能做得很专业,如在教育学领域。许多教育机

构有教育心理学者,当孩子的行为和学校或家庭有关,可以向他们咨询。

还有更大的压力!

父母总是意见不一致!

到目前为止我们已经研究过来自青少年孩子自身方面的压力,但是还有一些压力来自其他方面。例如,你和你的配偶对于用什么方法来解决可能会引起很多压力和痛苦的问题意见不一致。如果你处在这种情况下,那么,坐下来和他(她)仔细谈谈这些问题,采用倾听的技巧,这样,你就可以明白你的配偶为什么坚持他(她)的做法,并且也可以确定你的观点对方是不是也了解。开诚布公地谈谈对你们两人

都有影响的让人担心和焦虑的事情,找出你们共同感兴趣的东西,而不是各持己见。也许,你们的目的是一样的,只是方法不同而已。如果你们的观点相差很多,那就讨论一下你可以做出让步的地方,这样你们的想法就能更接

近。不要认为一方全对而另一方全错。大多数问题都有多种解决办法，正确的方法能够解决问题而错误的方法就不可以。但是，你在开始前也不知道哪个方法可以解决问题哪个不可以。你要确定先试一个，不行再换另一个。在你们的讨论中，你不需要劝说你的伴侣按照你的

思路行事，而是要把焦点放在先尝试用哪个方法上。记住要给彼此多一些鼓励。

我不想卷入的，但是……

任何人听到这些善意的祖父母或者其他亲戚朋友说出的话都会觉得很熟悉，但随之而来的还有心里沉沉的感觉，因为他们接下来通常会说出一堆你不需要的建议或者对你的批评。

我发现最好的方法是这么说："这的确是个不错的主意，我当然会考虑。"这通常会让对方沉默下来，因为他们期待的是争论。有时候我的确会考虑，因为可能这真是

一个有用的建议。有时我也会忽略它们,但我绝不会继续争论或者和他们讨论。

如果听到其他的一些话,你还可以这样说:"如果……你想会更好么?""我想你对他(她)太严厉了。""哦,照我想……"

单亲

如果你有一个不支持你的伴侣,会让事情解决起来变得更困难。不完整的单亲家庭也许会有更大的压力。对母亲们来说,没有父亲就会令管教和树立权威存在困难,因为这是父亲的角色。单身母亲用合作或者协商的方式来管教孩子更容易做到,而不是依靠传统的父亲的强硬手段来实现。

孩子可能有一种对单身母亲额外的责任感。孩子和母亲彼此分离是如此的困难,并且孩子也很难独立。母亲会无意识或者故意有这种感觉,因为她们也害怕孤独。

单亲父亲也同样

第八章 青春期出现的严重问题

面临问题。可能最主要的一个原因就是一个小女孩在向一个母亲的角色成长的过程中，她需要好多的准备，而男人变成父亲可能需要的准备很少。社会决定了男人和女人的角色，单亲父亲必须克服来自社会的指向他们的种种偏见。例如，很多单亲团体主要是面向母亲的。

对于单亲父亲和单亲母亲，最大的问题是他们缺少一个人来一起分担。有人一起分担问题，问题也不会消失，但是彼此分担的确能帮你感觉好起来，因为你知道有个人可以帮助你和支持你。

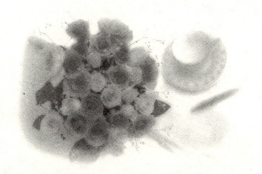

作为一个单亲家长，你要做的一件事就是花时间建立一个能支持你的网络。朋友不能像伴侣那样对孩子有相同的责任感，但是他们能为你提供一些可行的帮助和情感上的支持。专家也是你支持网络的一部分，要知道，你可以向你的家庭医生、当地社会工作者或者咨询师寻求帮助，这很重要。

埃莉诺，一个10岁孩子的单亲母亲说：

"对我来说最大的问题是没有人可以和我谈论我的孩

子，有时候我和朋友谈论这些，但是我担心他们会对琐碎的细节感到厌烦，这些本来是对伴侣说的事情。还有一件让我烦恼的事情就是经济方面的紧张，这让生活变得更困难。加文上周回家说需要一些钱参加学校的旅行。老师没有考虑我家的情况，我是自己一个人工作，没有两份收入。我们还必须和那些双亲家庭的孩子支付相同的费用。

男孩子真的很有责任感，我感觉这是他们的一个优点。他们必须学会成长并且必须承担他们能承担的更多责任，我感觉他们更敏感，更能理解别人。"

在本章的最后，我要授权给你，给自己一个奖励！无论如何，你一下子看了这么多青少年的问题，可能会留下一个印象：现在的青少年完全沉沦和堕落了。事实当然并非如此，而且无论你面临什么问题，你都需要记住的一点就是事情不会总是固定不变的！你还记得当你的孩子还是一个小婴儿时的情景吗？你是否会感到事情发生了很大变化呢？你

第八章 青春期出现的严重问题

的确是想无论如何你也要处理好出现的危机状况,现在你能应付了。当你日后回头看这段岁月的时候,你可能会发现这是你成长的另一个阶段,你和你的孩子都度过了这段艰难岁月。

第九章 放松对孩子的控制

我有一位朋友,她的孩子在长大成人后自立门户,我的这位朋友感叹说:"我才意识到,作为母亲,我永远无法卸下做母亲的责任重担。过去我常想,等他们都长大了,我就可以不必再为他们操心了,但事实并非如此!我时时惦记着他们吃得好不好,能不能照顾好自己。"

青春期的结束并不代表着父母的关爱也随之结束,而是代表着子女的依附和父母法定责任的结束。我们认为,十几岁的孩子正处于发展和变化期,在这一时期内,他们必须要完成某些特定的生活任务以使自己变成一个成年人。进入青春期后期,他们还需要完成尚未完成的生活任务,如制定自己的界限,选择自己的价值观体系,经济上独立,发展和保持亲密的人际关系等。

处于这一时期的孩子开始学会掌控自己的生活,发展新的生活模式,选择自己的生活风格,制定工作计划,融入所在的社区,到最后,他们和自己的配偶

第九章 放松对孩子的控制

生活在一起，并开始有了自己的子女。许多年前，父母总是认为自己有能力控制孩子的发展，但研究发现，一些生活任务只能由孩子自己去完成，家长需要放松对孩子的控制。

放松对孩子的控制并不是不再给予爱、支持和关心，父母还是要始终不渝地承担着一部分对孩子的责任。在此过程中，父母要弄清楚，自己的孩子是否在成长中并发展成一名成年人。一些父母提出了这样的困惑：在孩子的整个青春期，应如何控制放松的尺度？本章将回答这一问题，以使父母自身也能得以成长和发展，提高对生活的满意度。

不要过早发表意见

处于青春期的孩子家长最头疼的一个问题就是发现自己的孩子在进行着错误的决策和行动，并且缺乏保护自己的知识和经验。这时家长常常忍不住要发表自己的建议，以使孩子免于可能发生的问题。请大家记住，一定不要这么做！因为当孩子足够成熟的时候，一旦遇到难解的问题，他们自然会向家长咨询，而在这之前，家长要静心等待，不要试图将自己的意见强加给孩子，这样很可能遭到孩子的抵制，结果搞得双方冲突不断，家庭气氛紧张。回顾一下自己早年的成长历程，你会发现一些宝贵的经验都是经自己的身体力行得来的，即使是失败了，我们也依然可以从中获益。同时，你还会发现自己所忽视的一些非常好的建议在实践中是多么重要。孩子的成长也是同样的道理。

练习……

如果你对自己的孩子将来成为一个什么样的人有着强烈的控制欲的话，那么当孩子出现有悖于你的想法时，也许你很难抑制心头的怒气。以下练习有助于澄清你的想法，做完练习后请跟孩子进行讨论。

假设你对孩子有非常强烈的控制欲，如想让孩子从事某种工作，让他（她）交什么样的朋友，设定他（她）将来生活伴侣的标准，规划他（她）将来的生活风格等。

按照下面两个问题的提示，简单记下自己的想法：1. 我之所以这样是因为…… 2. 如果……我会感到非常不安/痛心/愤怒/难过/担忧，因为……

下面列出了一些父母所做练习的示例：

"我希望莎莉婚后不要住得离我太远，住房要舒适，生一些孩子，因为我觉得这样她才会幸福，我也非常想做外祖母。"

"如果她还是与那个人同居，不结婚的话，我会感到非

第九章 放松对孩子的控制

常不安，我担心要是她有孩子的话，她的经济就会出现问题，我很害怕那个人离开她。"

"我希望奈杰尔找到他真正满意的工作，因为我知道如果不是那样的话，他会很沮丧。"

"如果他只因为多赚些钱而被迫做些无聊的工作的话，那我会很难过，因为他很有才能，而这些才能将无用武之地，我害怕他会因此而消沉。"

与孩子就你的观点进行讨论，你有可能会发现他们会赞同一些方面，也会反对一些方面。显而易见，你的一些观点对自己的过去有帮助，但不一定对孩子的将来有帮助。例如，过去时代的人会对未婚同居持反对态度，但今天这似乎已经成了稀松平常的事。有时父母的观点是基于自己的需要，如莎莉的母亲想体验做外祖母的乐趣，就是想以此来填补自己孩子成长后带来的空虚，而不是从莎莉的角度来考虑问题的。

本练习就是要让孩子充分了解你的观点和想法，从而使你深刻地理解自己的观点是无法替代孩子的决定的。每个成年个体都要为自己负责。

迈入新的生活

抚养十几岁的孩子要占用父母大量的时间和精力，如果孩子不止一个，那么这项艰巨的任务就要持续很多年，所以父母很难全心全意投入到自己的生活和工作中。当子女离开家门，找到满意的工作，有了自己的家庭或与他人建立亲密的社会关系后，父母都会由衷地感到欣慰和满足。如果子女所经历的青春期有如狂风暴雨一般猛烈的话，那么父母还会有如释重负之感。有些孩子曾经给家人招惹过很多麻烦，父母巴不得他们早日自立，但当他们真正长大成人后，父母反而会有强烈的失落感，非常想念离家在外的孩子。

以下是凯尼斯诉说的关于她最小的一个孩子离家的情况："过去我总是希望有朝一日凯特能长大懂事，因为她太难管教了，我们在很多问题上都发生过冲突，比如她晚上回家的时间、穿着打扮、逃学旷课等，有好多次我气得真想杀了她！不管怎么样，她现在跟几个朋友租了间房子，开始独立生活了。开始那几天，我特别想她。没有她，房子也显得空荡荡的，我常常回忆过去跟她争吵的片断，真后悔当初那样对她。虽然她并不是被我驱逐出门的，但我总觉得心里很内疚。"

每一种变化都掺杂着各种情感，当子女长大成人后，无论悲伤，亦或是欣慰，父母都要投入到另一段生活旅程中。

第九章 放松对孩子的控制

练习

完成下面的句子,"当我的孩子离家自立后,我会因……而感到很难过/开心"。

示例:

我会因……而感到很难过	我会因……而感到很开心
不再有被需要的感觉	有更多自己的空间
想念孩子在身边时的快乐	有更多自己的时间
想念他们的朋友	电话不会老是被占用
	无需再寻找那些被孩子借穿的衣服

如果你能有一些切实的行动,那么做这个练习就更有意义。比如你想随时听自己喜欢的音乐,那么就买一些磁带,抽出一些时间来,尽情享受喜欢的音乐。或具体安排一下空闲的房间,可以把它改造成画室、客房或工作室,去做自己喜欢而过去没有条件做的事情。

孩子离家后的苦恼

当子女离家后,有些父母总是感到很难过,并且这种消极的情绪会使得他们觉得生活没有了重心,内心很空虚,特别是母亲常有此感。一些人认为,这是因为中年妇女和母亲没有太高的社会地位,所以一旦抚养孩子的家庭责任完成后,她们有失落感也就不足为奇了,由空置的房子引发抑郁也就不可避免。以下引用了一些母亲在孩子离家后的感受。

"当我最小的孩子离家的时候,我感到难过了吗?老实说,我并没有这种感觉,我也为此而感到内疚,因为我以为我会有失落感,但事实上我感到无比轻松。过去我整日为孩子操劳,现在我终于可以闲下来了。"

"开始的几天我很想念她,但那都已经过去了,现在我拥有自己的时间和空间。虽然我很喜欢她在我身边的感觉,但是现在我也很快乐。她来探望我的时候,我总是很高兴,我也一直惦记着她,但总的说来,我对现在的生活很满意。"

"我觉得自己应该难过,我并不喜欢自由。我喜欢孩子来看我,也都和他们保持着联系。我并不是不爱他们,但是经过多年的吵闹与冲突,我更需要平和与安静的生活。"

父亲的感受

当孩子离家后,我们考虑更多的是母亲的感受,而忽视了父亲的感受,事实上,父亲的失落感更为强烈。在孩

放松对孩子的控制 第九章

子的成长过程中，母亲比父亲有更多时间与孩子接触，所以在孩子快要离家的时候，母亲基本上已做好充分准备。母亲经历了孩子成长的各个阶段，从初生的婴儿到青少年，再到成人，每个阶段都代表了孩子向独立迈进了一大步，而大多数父亲并没有密切关注过孩子的这些变化，所以孩子离家对父亲来说，是一种毫无准备的沉重一击。我们的文化是不鼓励父亲显露自己的情感的，从很小的时候起，小男孩接受的教育就是不准哭，不能表现懦弱，一定要坚强，然而父母因孩子离家而引发的伤感是不可避免的，如果刻意压制这种悲伤的话，父母的内心会更痛苦。父亲在孩子面前不能表现得很脆弱，因为男人一向是坚强的，对待孩子也不例外，这导致孩子在离家的时候，并没有体悟到父亲是多么爱他们，而父亲感到自己也还没有真正了解过自己的孩子。

如果你是一位父亲，那么现在请思考一下，当你与子女交流时，自己的真实情感是怎样的。可能你不愿意表现出自己是爱他们的，怕破坏严父的形象。如果你认为向他们表露脆弱的情感有些不自在，那么写出来是不是感觉好些？

父母错在哪里？

在此提出这个问题并不太好，因为当人们意识到自己不是一个合格的家长时，都会为此而感到惭愧。父母可能认为自己在对待孩子的问题上犯了很多错误，如果重新来过的话，决不会再那样对待他们。如果你也有过这种想法的话，那就说明你其实是个很合格的父母。

当然，如果你有神力预测未来或知道一些你根本无法知道的事情，那么你就能够做得更好。在第一章中我们也曾经提到过为人父母时所经历的一些神奇的事情。

父母与成年子女的关系并不一定如你想象中的那么好建立和维持，如果与子女的关系不好，那就不要总是回顾过去，不要回忆以前做过的事情，要多想想现在，想一些现在可以做的事情来改善与子女的关系。应该向他们解释你现在对事情的看法，告诉他们你想和他们建立怎样的关系，并告诉他们在抚养他们的过程中自己的心得，这样子女就会感受到你过去是怎样尽心尽力来养育他们的。

在此我们并不一定保证你和自己的成年子女能够建立良好的关系，因为你有可能非常不喜欢他们，或者他们不喜欢你，他们有可能与你不喜欢的人或不喜欢你的人结婚或同居，然后住在比较远的地方，这样就可以避免你与他们过多接触。

第九章 放松对孩子的控制

感受子女离家后

如果你的孩子还有几年才长大成人,那么现在也最好考虑一下他们独立后的事情,如现在你可以准备出外参加工作的事宜,或规划一下以后的生活方式。孩子离家后,母亲会空出大量时间,而父亲的生活则一如既往,直到他们退休。孩子独立对母亲来说是一次机遇,她们可以发展自己的事业,或者找一份有价值的工作。这一时期正好可以回顾一下自己的前半生,决定今后的生活方式,还可以尝试实现自己未了的心愿。

练习

假设你要向一个刚刚认识的人做自我介绍(可以的话,最好找一位朋友来配合你做这个练习,这样感受会更真实些)。如果觉得当面说出来不自然的话,可以录音或者写下来。首先,向对方介绍自己现在的情况,其中包括你的价值观、目标、信仰和生活方式,说明你所擅长的地方和有待改进的地方,等等;然后,向对方介绍自己十年前的情况;最后,向对方介绍自己如果还是以十年前的模式生活的话(或者不管多少年前,只要你的孩子还比较小即可),现在会是什么样子。做练习的时候思考以下问题:

● 哪一种介绍方式对你来说比较困难？为什么？

● 当孩子长大后，你想象中的生活与现实中的生活是否有差别？

● 这个练习对你的将来有何启示？

画一画"婚姻历程"

现在请想一下你与配偶之间的关系。当十几岁的子女在家的时候，夫妻关系受到一定程度的干扰，夫妻暂时处于情感分离的状态。子女离家后，双方的关系才会亲密些，双方都会体验到关系亲密如初的快乐。以下练习有益于你对夫妻关系的探索。

完成练习后，请与配偶进行讨论。拿一张比较大的纸，在上面画一条线表示你们的婚姻，这条线有可能是平直的，也有可能是曲折的，在线上标出你们现在的状态，并标出从结婚到现在发生的重要事件。年与年之间的空隙最好留得大一些，因为回忆会引发你想起很多早已忘却而在过去显得尤为重要的事情。想起每一个重要事件就自问一下："从这件事上

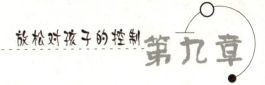

第九章 放松对孩子的控制

我学到了什么?""我那时做出了怎样的决策?"除了画出已有的婚姻历程外,你还可以试着画一下自己未来的婚姻道路应朝什么方向发展。

以下练习有助于帮助你分析夫妻关系应如何改变。如果你们两人暂时不在一起,那么就先分别做一下练习,然后在方便的时候进行讨论。

当我们最初在一起的时候,我想……

自从我们在一起后,我改变了很多,如……

自从我们在一起后,我原想在以下方面有所改变:……

自从我们有了孩子,我……

自从我们有了孩子,你……

自从我们有了孩子,我们……

我想改变的地方是……

可以任意添加一些你想自问和问对方的问题,使这个练习更具有针对性。如果这些问题听起来不太好回答,或者身边没有倾诉的对象,那可以考虑去职业咨询师那里寻求帮助。

结　　语

本书旨在帮助父母更好地理解和掌握自己与青春期子女的关系,并使双方的关系得以缓解,将矛盾和冲突降至最低。通过做一些适当的练习来掌握各种交流沟通的技巧，你会对如何做好父母更有信心，不再受子女和他人的控制和支配。

请谨记以下忠言：

- 你和其他人一样不可忽视。
- 你拥有与他人一样的权利。
- 你要对自己的所作所为负责，孩子也一样。
- 你是一个有才能的人，不会永远陷于无助之中，即使无法改变现状，你也还是可以做一些有益于自己的事情。
- 你爱孩子，他们也爱你。
- 关心自己才能更好地关心他人。
- 父母与孩子发生矛盾是父母要有所改变的信号。
- 你有能力帮助未成年的孩子度过生命中的困难时期。

北京大学"全人教育计划"打造素质教育新概念

全国"知识工程"联合推荐用书
全国"知识工程·创建学习型组织"联合推荐团购用书
教育部全国中小学图书馆推荐用书

**九大部委联合推荐　　两千所学校全面试用
三百家媒体热烈报道　十万家网站争相转载**

素质教育的核心理念就是人文精神的培养和科学精神的培养,最终目的是要培养"完整的人"和"合格的公民"。北京大学"全人教育计划"——《新人文读本》、《新科学读本》、《新公民读本》、《新国学读本》相互支撑,形成一个有机整体,全力打造素质教育新概念。

校本实验教材·新公民读本(共8册)
中小学传统德育的历史性转型

主　编:著名人文学者、北京理工大学教授　　杨东平

良好的公民道德、公民素质是民主和法治社会不可或缺的空气和土壤。作为"新中国成立以来第一套针对中小学生的完整意义上的公民教育读本",《新公民读本》的基本立意在于,以世界眼光和历史视野审视中国的现实教育,试图突破和超越传统的德育教材和政治教材,充分突出人类普适的价值观念,充分突出中国优秀的传统道德资源,充分突出公民的权利、责任和参与意识,并以强烈的时代感、高度的前瞻性和全新的教育理念,为中国中小学德育探索一条新路。

**传播公民知识　　培育公民意识
张扬公民权利　　呼唤公民责任**

小学卷(4册),供三~六年级使用　　10.00元/册
初中卷(3册),供初一~初三年级使用　12.00元/册
高中卷(全一册),供高一~高二年级使用　15.00元/册

特　色:
◆ 世界眼光。突出人类普适的价值观念
◆ 历史视野。突出中国传统、优秀的道德资源
◆ 强烈的时代感、高度的前瞻性
◆ 全新的公民教育理念
◆ 对传统教材的全面突破和超越

校本实验教材·新人文读本(共 24 册)

为孩子成长提供良好的人性基础

主　编：著名作家、北京大学中文系教授　　曹文轩
副主编：著名语文教育家、特级教师　　　　于　漪

理想的人文教育应该是让孩子的精神成长处于凝重的时代氛围之中，与社会同行，与审美同行，与孩子的阅读趣味同行。北大版《新人文读本》与目前市场上那些无论内容还是表达方式都与现实脱节、严重缺乏当下感的课外"经典"读物不同，而是用经典的眼光去选择时代美文，让孩子们能够轻松地自主阅读，与时代同行，与社会同行，与语言同行，与中小学生的阅读趣味同行，在感动中塑造自我。

为了便于中小学生养成自主阅读和形成探究的习惯，《新人文读本》在编排上，采用精读与泛读相结合，"读前猜想"和"旁批"相呼应的方式，并在文末设计了"人文思考与写作设计"或"人文思考与生活实践"，促使学生在阅读之后能够对文章的主题进行深入的思考与实践演练，加强读、写与生活的联系，提升写作能力，从而使阅读落到实处。

精选当代美文　　张扬人文精神
倡导自主阅读　　提升写作能力

小学卷(12 册)，供一~六年级每学期使用　　　　8.80 元/册
初中卷(6 册)，供初一~初三年级每学期使用　　12.80 元/册
高中卷(6 册)，供高一~高三年级每学期使用　　15.50 元/册

特　色

◆ 强烈的时代感。精选当代美文，密切联系现实，与时间同行、与社会同行、与中小学生阅读趣味同行
◆ 突出情感教育。在感动中完成人格的塑造和灵魂的飞升，张扬人文精神
◆ 选文不断更新。编者和读者形成互动，读者可以推荐优秀文章入选丛书
◆ 中小学语文教材的必要延伸和超越

校本实验教材·新国学读本(共 24 册)

主编：著名文化学者、武汉大学教授　　冯天瑜

中华民族传统文化的载体是国学，只有接续国学薪火，才能传承中华民族的文化精神。《新国学读本》打破惯常的编选方法，以当代视野，重新审视传统文化，系统遴选国学精华，突出思想、文化和文学价值的融合，注入时代精神，发掘中华文化的当代意义。

小学卷(12 册)，供一~六年级每学期使用　　　　　8.00 元/册
初中卷(6 册)，供初一~初三年级每学期使用　　　10.00 元/册
高中卷(6 册)，供高一~高三年级每学期使用　　　12.00 元/册

校本实验教材·新科学读本(共9册)

把科学教育从"题海战术"中解放出来

主 编:著名科普作家、清华大学教授 刘 兵

　　针对我国当前中小学科学教育专注于具体知识细节的传授而缺乏科学素养熏染的误区,《新科学读本》着意选取科学发展历程中那些鲜活的镜头,以名家名作阶梯式地向中小学生呈现科学精神、科学思想、科学方法、科学伦理等许多与科学密切相关的主题,综合地展示了科学的丰富内涵,拓宽了科学教育的视野,有利于学生对科学、技术与人类社会、自然环境等重大问题进行思考,把科学教育从"题海战术"中解放出来!

荟萃名家名作　　融通科学人文
开启理性思维　　培育科学精神

小学卷(4册),供三~六年级使用　　　9.80元/册
初中卷(3册),供初一~初三年级使用　　10.80元/册
高中卷(2册),供高一~高二年级使用　　15.80元/册

特　色

◆ 融通科学与人文。与自然对话,与科学对话,与心灵对话
◆ 突出科学精神、科学思想和科学方法
◆ 突出科学、技术与社会的关联
◆ 突出情感、态度和价值观的培养
◆ 现行中小学自然课、科学课、数学课、物理课、化学课、生物课和地理课的必要延伸和超越

校本实验教材·小学晨读课本(共12册)

　　可作为小学生早自习用的自读教材或传统文化教育的校本教材,供每个学期使用。

特　色:

　　本套丛书以教育部制定的《中小学开展弘扬和培育民族精神教育实施纲要》和新颁布的《语文课程标准》为依据,兼顾了目前各种版本语文教材和教学参考书的相关内容,精选经典作品900余首(篇),并对作品进行了同步拓展,不但对学生自读、家长辅导非常实用,而且对教师教学也具有重要的参考价值。

语文课程标准课外读物导读丛书(共46种)

小学 23 种, 初中 12 种, 高中 11 种, 共 46 种

丛书以教育部《语文课程标准》规定的"关于课外读物的建议"中的图书篇目为依据,结合小学生、初中生、高中生的阅读兴趣和阅读能力,按照《课程标准》的要求进行切实的辅导和指导,以提高阅读和欣赏水平,提高人文素养。

提供背景资料　多维透视名家名作
设置思考练习　深入理解作品内涵
传授阅读方法　培养自主阅读能力
节省时间精力　短期掌握作品精要

《全日制义务教育语文课程标准》小学部分建议阅读书目:23种

书名	价格	书名	价格
安徒生童话	10.50	中华美德故事精选	10.50
格林童话	10.50	中国历史故事精选	10.50
伊索寓言	8.00	中国童话故事精选	8.00
克雷洛夫寓言	10.00	中国民间故事精选	10.00
一千零一夜	10.00	中国神话故事精选	8.50
爱的教育	17.50	成语故事精选	11.50
外国寓言故事精选	8.50	小学科学知识故事(低年级)	8.50
外国历史故事精选	8.50	小学科学知识故事(中年级)	8.50
外国童话故事精选	10.00	小学科学知识故事(高年级)	8.50
外国民间故事精选	10.50	365夜故事	9.30
外国神话故事精选	9.30	中外名人故事	11.80
中国寓言故事精选	10.00		

《全日制义务教育语文课程标准》初中部分建议阅读书目:12种

书名	价格	书名	价格
上下五千年(中国)	15.00	格列佛游记	14.80
上下五千年(外国)	15.00	钢铁是怎样炼成的	12.40
西游记	29.00	中国现代优秀作品选	13.00
水浒传	35.00	名人名言	10.00
鲁滨逊漂流记	12.50	中外经典美文选读	11.50
童年	13.00	中外经典短篇小说选	14.50

《普通高中语文课程标准》建议阅读书目:11种

书名	价格	书名	价格
红楼梦	34.00	外国小说名著精选	14.50
三国演义	25.00	中外戏剧名著精选	25.00
先秦散文精选	12.50	中外散文精选	13.50
唐宋散文精选	12.00	中外诗歌精选	13.50
唐宋诗词精选	12.00	中外学术名著精选	12.50
中国现当代小说名著精选	14.50		

北京大学出版社　教育出版中心

地址:北京市海淀区成府路205号　邮编:100871
电话:010-62767346　E-mail: zyl@pup.pku.edu.cn